Volker Friebel

Trance-Geschichten für Kinder

Ruhe und Kraft, Mut, Selbstbeherrschung, Leichtigkeit und Freude, Konzentration, Schlaf

Sechs thematische Sammlungen

Edition *Blaue Felder*, Tübingen

Edition *Blaue Felder*,
Denzenbergstraße 29, 72074 Tübingen (Deutschland)
www.Blaue-Felder.de

Texte, Fotos und Gestaltung: Volker Friebel
301.000 Zeichen
Veröffentlichung: Oktober 2014

ISBN PapierBuch: 978-3-936487-68-8
ISBN eBuch, epub-Format: 978-3-936487-69-5

Inhalt

Einführung

Was ist *Trance*?

Das Wort ‚Trance' ist abgeleitet vom lateinischen ‚transire', das ‚überschreiten' oder ‚hinübergehen' oder ‚verwandeln' bedeuten kann. Mit *Trance* gemeint ist ein besonderer Bewusstseinszustand, der durch eine schlafähnliche eingeengte Aufmerksamkeit gekennzeichnet ist. Trance kann damit als Gegensatz zur *Achtsamkeit* verstanden werden, die sich durch eine besonders starke Wachheit und eine weite, ungerichtete Aufmerksamkeit auszeichnet.

Auslöser einer Trance ist meist die Konzentration auf sich wiederholende Reizmuster, sei es in der Musik, sei es in der Sprache, sei es durch sich wiederholende Schrittfolgen (Tanz), auch etwa durch Lichtblitze.

Im Zustand der Trance sind Menschen besonders empfänglich für äußere Eindrücke. Deshalb ist dieser Zustand für die psychologische Arbeit so interessant. Dann sind in der Trance sonst wirksame Abwehrmechanismen abgeschwächt. Das ist auch für psychologisch vermittelte Entspannung von Bedeutung. So wurde das Autogene Training, eines der bekanntesten Entspannungsverfahren, als Methode der Autosuggestion oder Selbsthypnose entwickelt, hat also Trance als eine Grundlage.

Denn Trance erleichtert ein Ansprechen der unbewussten Teile des Geistes, das Lösen von Spannungen, das Ansprechen von Entspannung, Konzentration, Wiederherstellung der Selbstheilungskräfte, Erweiterung der Weltsicht, Herausführen aus Verengungen und Verhärtungen.

Mittel der Trance-Induktion sind besonders bei Menschen hilfreich, die bewusste oder unbewusste Widerstände gegen Entspannung oder die psychologische Arbeit und Auseinandersetzung haben. Aber auch bei für Entspannung empfänglichen Menschen kann sie diese vertiefen.

Trance-Geschichten

Trance-Geschichten versuchen, mit Trance-Elementen Entspannung zu vertiefen und die Aufnahme etwa von Affirmationen und hilfreichen Vorsätzen, auch einer positiven Auseinandersetzung mit Problemen, zu erleichtern.

Ein logischer Handlungsablauf steht bei Trance-Geschichten nicht im Vordergrund. Immer wieder führt die lockere Handlung auf Sinneseindrücke und Betrachtungen hin, die Suggestionen enthalten, wobei hier weniger direkte Aussagen vorherrschen, sondern Umkreisungen und

Andeutungen. Dies auch, da direkte Aussagen eher zum Widerspruch herausfordern, indirekte oder vage Äußerungen dagegen die Aufnahmebereitschaft steigern. Eine Trance wird bei diesen Geschichten also durch die Wahl der Worte und Aussagen ausgelöst.

Wie bei Fantasiereisen oder Imaginationen werden gerne bildhafte Vorstellungen verwendet. Eine Sprache in Bildern reicht meist tiefer als eine abstrakte Sprache mit logischen Begründungen. Alles, was wir wahrnehmen, ob real oder vorgestellt, wirkt auf unseren Körper und auf unseren Geist. Sich in eine schöne Situation zu begeben und diese wahrzunehmen, beruhigt. Beruhigend wirkt auch bereits die Vorstellung der Situation. Eine Vertiefung der Wirkung erfolgt durch das bewusste Wahrnehmen in allen seinen Aspekten, mit allen seinen Sinneseindrücken.

Unser Handeln und Erleben erfolgt weit überwiegend unbewusst. Durch Bewusstheit können wir es verändern, können seine Richtung steuern. Wir gehen in die Richtung unserer Vorstellungen. Wenn ich mir vorstelle zu fliegen, fliege ich nicht, aber ich kann mich leichter fühlen und freier. Ich kann die Dinge von oben sehen und so eine andere Sicht auf sie gewinnen, die meine bisherige Sicht ergänzt und meine Einstellung verändert. Unser Handeln ist wesentlich von Einstellungen bestimmt. Eine Veränderung von Einstellungen führt also auch zu einer Veränderung unseres Verhaltens.

Vortrag und Rahmen

Auf keinen Fall sollte eine Trance-Geschichte wie eine normale Erzählung vorgelesen werden. Pausen sind wichtig, immer wieder ein, manchmal zwei, gelegentlich noch mehr Atemzüge Pause auch mitten im Satz, vor und nach tragenden Wörtern oder Satzteilen. Absätze und die häufig in den Text gesetzten drei Pünktchen erinnern daran.

Auch innerhalb der Sätze sollte die Geschwindigkeit des Sprechens verändert werden. Sowohl Verlangsamung als auch Beschleunigung steigern die Aufmerksamkeit. Wichtig ist einfach, immer wieder eine Veränderung vorzunehmen. Verlangsamung bewirkt meist eine Beruhigung und Vertiefung, Beschleunigung dagegen eine Beschleunigung auch des Atems und des Herzschlags. Insgesamt sollte der Vortrag eher langsamer und ruhiger als bei einer ‚normalen' Geschichte erfolgen. Das fördert die Intensität.

Die Augen des Hörenden sind am besten geschlossen – dann können sich bildhafte Vorstellungen besser entwickeln. Am Anfang der meisten Trance-Geschichten wird das angesprochen.

Das Kind sollte während der Trance-Geschichte nicht reden. Erst hinterher sollte über die Geschichte und das Erlebte geredet werden.

Auch Liegen ist hilfreich, mindestens bequemes Sitzen, da es der Entspannung entgegenkommt. Aber auch das bloße Zuhören, selbst schon das eigene Lesen wirken.

Günstig ist es, Geschichten zu wiederholen. Auch kann anschließend über das Erlebte geredet werden oder das Kind malt etwas zur Geschichte. Denn manche Vorstellungen und Techniken, die in den Trance-Geschichten angesprochen werden, lassen sich durchaus in den Alltag übertragen, so dass die Kinder etwas in die Hand bekommt, das sie selbstständig zur Entspannung oder Problemlösung einsetzen können. Darüber sollte nach den Geschichten mit den Kindern gesprochen werden.

Vor der ersten Trance-Geschichte kann mit dem Kind geredet und ihm etwa Folgendes vermittelt werden: Ob es ihm möglich ist, sich etwas vorzustellen? Einen Ball vielleicht? Einen Vogel? So werden in der Geschichte auch Dinge genannt, die man sich vorstellen kann, eine Treppe zum Beispiel. Da soll das Kind einfach versuchen, gut zuzuhören und sich alles Genannte gut vorzustellen. Das sei nämlich eine besondere Art von Geschichte, bei der man auch selbst etwas tun kann, außer zuhören, nämlich sich alles gut vorstellen.

Aufbau des Buchs

Das Buch besteht aus sechs Kapiteln, die jeweils einem bestimmten Thema gewidmet sind. Das erste Kapitel ‚Ruhe und Kraft' vertieft die Entspannungsfähigkeit. Das zweite Kapitel ‚Mut' beschäftigt sich mit Schüchternheit und Mut. Das dritte Kapitel ‚Selbstbeherrschung' hat Selbstkontrolle und den Umgang mit Aggressionen zum Thema. Das vierte Kapitel ‚Leichtigkeit und Freude' vertieft die Entspannungsfähigkeit und schafft eine positive Stimmung, mit der alles besser gelingt. Das fünfte Kapitel ‚Konzentration' und das sechste Kapitel ‚Schlaf' beschäftigen sich besonders mit dem jeweils titelgebenden Thema.

Entspannung, Leichtigkeit und Freude sind immer gut, für den Einstieg eignen sich die Geschichten der Kapitel 1 oder 4 deshalb am besten. Fortgesetzt kann mit dem Kapitel werden, das für das Kind am wichtigsten scheint.

Die jeweils neun Trance-Geschichten jedes Kapitels beginnen mit einer Einführung durch Trance-Induktion. Sie gehen dann in einen Hauptteil über, der meist von bildhaften Vorstellungen getragen wird und oft Metaphern zur inhaltlichen Auseinandersetzung sowie Anregungen zur Problemlösung enthält. Zuletzt erfolgt eine Rückführung, ein Herausgehen aus der Trance. Einführung und Ausleitung sind immer ähnlich, manchmal identisch gehalten. Das fördert Sicherheit beim Kind und erleichtert die Entspannung, mit der alles beginnt und endet.

Ruhe und Kraft

Unkonzentriertheit und überaktives Verhalten sind häufig auf Stress zurückzuführen. Früher ein Problem nur für Erwachsene, ist er nun auch schon in Schule und Kindergarten angekommen. Selbst psychosomatische Probleme nehmen dort zu.

Als Gegengewicht hat deshalb Entspannung für Kinder seinen Weg in die Institutionen gefunden. Die Erfahrungen damit sind gut. Eigentlich können Kinder entspannen. Es fehlt ‚nur' an Raum und Gelegenheit dazu, im Trubel der Gruppe, im Stress der Jahr um Jahr erhöhten Anforderungen.

Deshalb gilt es, diesen Raum und diese Gelegenheit für die Kinder zu schaffen. In den Alltag immer wieder Entspannungselemente einzustreuen, kann den Stress durchaus unterbrechen und die ‚guten Kräfte der Seele' unterstützen, die Kinder regenerieren zu lassen. Instrumente dazu sind Stillemomente, Fantasiereisen, Entspannungsgeschichten, Verlangsamungsspiele, Möglichkeiten der Entspannung über den Atem, die Muskulatur, das vegetative Nervensystem ...

Auch Trance-Geschichten gehören dazu. Sie führen meist schnell in eine tiefe und erholsame Entspannung. Kinder können in unserer ersten Reihe von Trance-Geschichten das Gefühl der Entspannung erleben, sich regenerieren und neue Kraft schöpfen. Sie können aus der Entspannung, wenn diese regelmäßig angeleitet wird, auch etwas in den Alltag hinübernehmen. Darüber kann nach den Geschichten mit den Kindern geredet werden.

Die Blume der Ruhe

(Entspannung)

Mach es dir ganz bequem ... Während du dich räkelst, kannst du schon beginnen, angenehm ruhiger zu werden ... Und deine Augen können beginnen, eine Stelle im Raum vor dir zu suchen, an der sie verweilen möchten ... Und während du diese Stelle ansiehst, kann sie zu verschwimmen beginnen ... Und während das geschieht, hören deine Ohren vielleicht Geräusche um dich ... aus dem Raum ... oder von draußen ... oder anderswoher ... Irgendwann kann jede Bewegung ganz gleichgültig werden und du kannst noch besser zu hören beginnen ... und kannst noch besser zu spüren beginnen ... Und während du immer noch die Stelle anschaust, kann sie immer gleichgültiger werden ... Und dann kann es gut sein, dass du, irgendwann, die Augen schließen möchtest und dass es sich gut anfühlt, die Augen zu schließen, so wie man die Augen schließt, um eine Geschichte zu hören ...

In der Ruhe ist es möglich, sich vieles vorzustellen ... Da kann eine

Treppe sein ... eine Treppe, die vor dir immer tiefer hinabführt ... immer tiefer hinein in die Ruhe ... Stufe um Stufe geht es hinab in die Ruhe ... Mit jeder Stufe kann die Ruhe in dir größer werden ... Je tiefer du steigst, umso angenehmer kann sich die Ruhe in dir ausbreiten ... Stufe um Stufe geht es weiter hinab in die Ruhe ...

Mit jeder Stufe kann die Bereitschaft in dir größer werden ... zu lauschen ... der Stimme zu folgen ... Stufe um Stufe ... dorthin hinab, wo die Ruhe immer noch größer wird, und deine Bereitschaft ...

Da ist nur die Treppe, Stufe um Stufe steigst du hinab ... Da ist die Ruhe, die immer noch etwas größer werden kann ... Da ist die Bereitschaft zu lauschen, was sich in der Ruhe ereignet ...

Die Treppe endet auf einer Wiese ... Vielleicht kannst du dir die Farben der Blumen vorstellen ... in dir die Ruhe der Wiese spüren ... die Ruhe der bunten Blumen ... die Freude in dieser Ruhe ... blaue Glockenblumen können dort stehen ... weiße Gänseblümchen mit einem gelben Punkt ... Oder Tulpen in ihren vielen Farben ... Ich weiß nicht, welche Blumen du alles sehen kannst ... Das sind die Blumen der Ruhe ...

Die Sonne scheint angenehm ... Ein leichter Wind kann hier und da wehen ... Von den Bäumen pfeifen hell Vögel ... Vielleicht kannst du manche ihrer Rufe unterscheiden ... Am Himmel treiben Wolken langsam durch das freundliche Blau ...

Wo eine weiße Wolke langsam über das Land zieht, werden die Lieder der Vögel noch schöner ... Die bunten Farben der Blumen vertiefen sich noch ... Eine Welle der Ruhe treibt über das flüsternde Gras ...

Vielleicht kannst du deinen Atem dann besonders gut spüren ... Dein Atem geht ein und aus, Ruhe und Kraft strömen mit dem Atem in dich ... Vielleicht kannst du mit ihnen auch eine Freude spüren ... die in dir schon wächst ... verborgen .. oder schon deutlicher ... die langsam größer wird ...

Im Strom deines Atems tanzt das Schirmchen einer Pusteblume ein Stückchen weiter in den Himmel hinein ... weit unter dem ruhigen Ziehen der Wolken ... das Schirmchen gleitet durch das freundliche Blau ... verliert sich irgendwo in der Ruhe und Langsamkeit ...

Im Strom deines Atems bewegt sich eine Blume ... ganz leicht ... ganz langsam ... Du betrachtest sie genau ... ihre Farben und Formen ... Ob das die Blume der Ruhe ist? ... Vielleicht kannst du spüren, ob von der Blume eine freundliche Ruhe ausströmt ... die alles um sich herum ruhig und freundlich machen kann ...

Vielleicht flattert ein Schmetterling über der Blume ... Wenn er sich setzt, klappt er seine Flügel weit auf ... lässt sie von der warmen Sonne bescheinen ... Vielleicht spürst du etwas von der Wärme seiner Flügel ... oder der Sonne ... oder von dir selbst ...

Warum die Blume der Ruhe, alles um sich herum ruhig machen kann, weiß niemand ... Vielleicht weißt du es, wenn du sie spüren kannst ... und die Ruhe in dir ... Vielleicht ist es nicht wichtig, das zu wissen, vielleicht ist es nur wichtig, die Ruhe zu spüren ... wie angenehm sie ist ... und sie größer werden zu lassen ... so wie du selbst es willst ...

Vielleicht trägst du immer diese Ruhe in dir ... tief in dir ... auch wenn du bald wieder schneller werden wirst ... vielleicht ist so etwas wie eine Blume der Ruhe tief in dir ... und beginnt wie einen Duft Ruhe zu verströmen, wenn du sie berührst ...

Vor dir taucht wieder die Treppe auf ... Schritt für Schritt kannst du die Treppe aufwärts steigen, mit jeder Stufe etwas weiter hinauf, in den wachen Raum deines Lebens ...

Mit jeder Stufe, die du steigst, kannst du spüren, wie du wacher wirst ... Die Bilder von der Wiese, den Blumen und der Blume der Ruhe sind weiter in dir, tief geborgen. Du steigst mit ihnen immer schneller aufwärts ins Wache, Stufe um Stufe. Mit jeder Stufe nehmen die Kraft und die Wachheit in dir weiter zu ... Die Ruhe ist immer noch da, tief in dir ... Und die Freude ...

Wenn du soweit bist, dass sich die Augen öffnen möchten, dann lass das einfach geschehen ... Atme einmal tief durch! Reck dich und streck dich ...

Der Baum am See

(Ruhe und Kraft)

Mach es dir ganz bequem ... Während du dich räkelst, kannst du schon beginnen, angenehm ruhiger zu werden ... Und deine Augen können beginnen, eine Stelle im Raum vor dir zu suchen, an der sie verweilen möchten ... Und während du diese Stelle ansiehst, kann sie zu verschwimmen beginnen ... Und während das geschieht, hören deine Ohren vielleicht Geräusche um dich ... aus dem Raum ... oder von draußen ... oder anderswoher ... Und während du immer noch die Stelle betrachtest, kann sie immer gleichgültiger werden ... Und dann kann es gut sein, dass du, irgendwann, die Augen schließen möchtest und dass es sich gut anfühlt, die Augen zu schließen, so wie man die Augen schließt, um eine Geschichte zu hören ...

Ich zähle nun langsam von Fünf bis Null. Die Ruhe in dir kann dabei immer tiefer werden, bis du angenehm ruhig bist ...

Fünf – Du hörst noch die Geräusche um dich ... Jedes Geräusch geschieht in der Stille ... Du spürst die Ruhe um die Geräusche immer stärker werden und alle Geräusche umfangen ...

Vier – Geh in Gedanken durch deinen Körper und versuche überall, die Ruhe zu empfinden ... Vielleicht kannst du schon spüren, wie die Ruhe immer noch tiefer wird ...

Drei – Achte auf deinen Atem ... Er geht ein und aus, ein und aus, ganz ruhig und gleichmäßig, ganz von allein ... Du spürst bei jedem Atemzug die Ruhe in dir ...

Zwei – Stell dir ein Bächlein vor ... Das Bächlein läuft durch eine Wiese zwischen Bäumen ... Vielleicht kannst du die Frische und Klarheit des Wassers schon spüren ...

Eins – Stell dir vor, wie das Bächlein in einen See strömt ... Die Frische des Bächleins geht auf in die Ruhe und Tiefe des Sees ...

Null – Stell dir den Himmel über dem See vor ... Langsam treiben weiße Wolken durch das frische Blau ... Stell dir die Ruhe der weißen Wolken vor und spüre in dich hinein, wie du selbst immer noch ruhiger werden kannst ...

Am Ufer des Sees steht ein mächtiger Baum ... Auf der einen Seite hängen seine Äste über dem hohen Gras ... auf der anderen Seite hängen seine Äste über dem ruhigen Wasser des Sees ... Manche Zweige berühren das Wasser fast ...

In der Tiefe des Wassers siehst du vielleicht gespiegelte Zweige des Baums ... Wie sie leicht zu zittern scheinen ... Wie in der leichten Bewegung des Wassers ihre Ruhe geborgen ist ... Wie sie selbst vielleicht leicht bewegt werden ... vom Wind ... Wie ihre leichte Bewegung die Ruhe des Wassers noch tiefer macht ...

Der mächtige Stamm des Baums ist tief in der Erde verwurzelt ... Vielleicht kannst du spüren, wie seine Wurzeln gehalten werden ... von der Kraft der Erde ... wie ihre eigene Kraft ihren Halt in der Erde haben ...

Aus der Erde nehmen die Wurzeln Wasser auf ... und Mineralien ... Aus der Erde führen die Wurzeln neue Kraft in den Baum ... Der Fluss dieser Kraft steigt den Stamm hoch ... in die breiten Äste hinein ... den Stamm immer weiter, noch höher ... bis in die Äste ganz oben ... hinein in die Zweige ... Die Kraft der Erde strömt in die Blätter des Baums ...

In einer Astgabel hat ein Vogel sein Nest gebaut ... Da sitzt er nun drin, verborgen unter dem Blattwerk ... und wärmt ein Ei mit seinem Federkleid ... verborgen im Nest auf dem mächtigen Baum ...

Vielleicht kannst du die Ruhe im Ei spüren ... und die Kraft ... wie ein tiefes Atemholen ... während im Ei etwas wächst ...

Vielleicht kannst du die Wärme spüren ... die das Ei sanft umgibt ... die es ganz durchdringt ...

Oben im Baum hat vor Jahren ein Blitz eingeschlagen ... Nun ist die Wunde verheilt ... Über die Narbe läuft ein Marienkäfer ... Gerade bleibt er stehen ... Gerade öffnet er seine Flügel und schwirrt davon, in den offenen Himmel hinein ...

Der Baum ist nach dem Blitzschlag noch stärker geworden ... noch ruhiger geworden ... Seine Ruhe und Stärke sind noch ein Stück weiter hinein in den Himmel gewachsen, aus dem der Blitz kam ...

Auf ein Blatt im Wipfel hat sich ein Schmetterling gesetzt ... Hier ruht er sich aus und lässt sich von der Sonne bescheinen ... Der Schmetterling hat seine Flügel geöffnet ... Das Licht der Sonne wärmt ihn ... Die Wärme strömt durch seinen ganzen Körper ... Das Gefühl der Wärme vertieft seine Ruhe noch ...

Im Wasser des Sees unter dem Baum schwimmen kleine Fische ... Sie schwimmen durch das Licht und den Schatten der Blätter ... Mal blitzen sie in der Sonne auf ... mal werden ihre Leiber dunkel ... Aber ob hell, ob dunkel ... ihre Kraft und Frische und Lebendigkeit sind immer da ... Mal wissen sie es ... mal wissen sie es nicht ... Ihre Kraft ... und Frische ... und Lebendigkeit ... sind immer da ...

Eine Libelle steht über dem Wasser ... Ihre Flügel schlagen so rasend schnell, dass sie gar nicht zu sehen sind ... Wenn ein Lichtstrahl auf den Leib der Libelle fällt, leuchtet sie in allen Farben ... Wenn der Schatten des Baums auf den Leib der Libelle fällt, wirkt sie dunkel ... Ihre Freude ist immer da ... Im Licht und im Schatten ... Manchmal bemerken wir die Freude in uns ... manchmal will sie wie verborgen sein ... Vielleicht, weil sie dann ruhen will ... und wachsen ... Vielleicht, weil sie sich uns später wieder ganz neu zeigen will ...

Die Ruhe und die Kraft des Baums ist einfach da ... Sie muss nichts tun, sie kann einfach hier sein, am See ... mal im Schatten der Wolken ... mal in der Sonne ... Die Ruhe und die Kraft können immer noch wachsen ...

Langsam kehrst du nun zurück vom Ufer des Sees und vom Baum in die Ruhe des Raums ... Ich zähle nun von Eins bis Drei und mit jedem Zählen kommst du ein Stück weiter zurück ...

Eins – Du kannst noch der Ruhe und der Kraft in dir nachspüren ... Du spürst in dir vielleicht auch die Freude ...

Zwei – Dein Atem kann nun schneller und tiefer werden ... Achte auf die Geräusche im Raum ... Die Ruhe und die Kraft sind immer noch da ... Und die Freude ...

Drei – Du bist nun wieder ganz hier. Wenn du soweit bist, dass sich die Augen öffnen möchten, dann lass das einfach geschehen ... Atme dann einmal tief durch! Reck dich und streck dich ...

Tier der Ruhe und Kraft

(Ruhe und Kraft, Unterstützung)

Mach es dir ganz bequem ... Während du dich räkelst, kannst du schon beginnen, angenehm ruhiger zu werden ... Und deine Augen können beginnen, eine Stelle im Raum vor dir zu suchen, an der sie verweilen möchten ... Und während du diese Stelle ansiehst, kann sie zu verschwimmen beginnen ... Und deine Ohren hören vielleicht Geräusche um dich ... aus dem Raum ... oder von draußen ... oder anderswoher ... Und während du immer noch die Stelle betrachtest, kann sie immer gleichgültiger werden ... Und dann kann es gut sein, dass du, irgendwann, die Augen schließen möchtest und dass es sich gut anfühlt, die Augen zu schließen, so wie man die Augen schließt, um eine Geschichte zu hören ...

Ich weiß nicht, ob du dir eine Kugel vorstellen kannst ... eine Kugel aus guter, heller Energie ... Die Kugel kannst du vor dir schweben lassen und dabei betrachten ... und freundlich machen ... und stark ... Und wenn sie dir richtig gut gefällt, dann kannst du sie in deinen Körper schweben lassen ... Und du kannst dir vorstellen, wie sich die Kugel in deinem Körper bewegt und überall um sich herum Ruhe und Kraft verbreitet ...

Vielleicht kannst du deinen starken Arm spüren ... und dir die Kugel in ihm vorstellen, die sich unsichtbar bewegt, geheimnisvoll, und um sich herum Ruhe und Kraft verbreitet ... Vom Arm schwebt die Kugel zu deiner Schulter, verbreitet dort Ruhe und Kraft ... und den anderen Arm hinunter, wo sie die Ruhe und Kraft noch stärker werden lässt ... Und hinauf in den Kopf, wo sie Ruhe ausstrahlt, wo die Gedanken zur Ruhe kommen dürfen ... Und hinunter zum Bauch, wo es ruhig wird und warm ... Und in ein Bein hinein, wo sich die Ruhe und Kraft verbreiten, wo die Kugel alles um sich herum noch ruhiger macht ... Und hinab in das andere Bein, in die Ruhe und Kraft, die immer noch stärker werden ... Und langsam gleitet die Kugel wieder zu deinem Bauch, wo sie die Ruhe und die Kraft immer noch weiter verbreitet, wo die Ruhe und die Kraft weit hinausstrahlen in alle Teile deines Körpers ... Vielleicht kannst du die Ruhe und Kraft der Kugel spüren und die Ruhe und Kraft, die sie um sich verbreitet ... Es ist die Ruhe und Kraft in dir ...

Aus einer Ruhe kann Kraft und Zuversicht entstehen ... Denn in der Ruhe können sich Gedanken mit vielem beschäftigen ... Manches davon kann einen froh machen ... Manches davon lässt einen freundlich und weit werden ... Manches davon macht einen stark ...

So kannst du an Tiere denken, die dir gefallen. Vielleicht etwa an einen Bären ... An einen großen Bären, voller Ruhe und Kraft ... Du kannst dir sein ruhiges Gesicht vorstellen ... die Bärenschnauze ... die lebendigen, klaren Augen ... Du kannst in diese Augen schauen und die Ruhe und Kraft des Bären empfinden ... der dein Freund sein kann ... der dir helfen kann, wenn du Hilfe brauchst ... oder dem du helfen kannst, wenn er einmal Hilfe braucht ...

Wenn du darauf achtest, siehst du vielleicht, wie ruhig der Bär atmet ... Sein Atem strömt ein und aus, ein und aus, ganz ruhig und gleichmäßig, ganz von allein ... Wie auch dein Atem strömt, ganz von selbst ... Über die Luft seid ihr miteinander verbunden, die Luft, die jeder atmet ... jeder Mensch und jedes Tier ... die Ruhe der Luft ... ihre leichte Bewegung, die die Ruhe noch tiefer macht ...

Vielleicht ist es dir auch möglich, an ein ganz anderes Tier zu denken ... an ein Eichhörnchen vielleicht ... Vielleicht kannst du dir vorstellen, wie das Eichhörnchen ein Stück den Stamm eines Baumes hinaufklettert ... und dann zurückschaut, dich anblickt ... Es hat ein braunrotes Fell ... einen weißen Bauch ... einen buschigen Schwanz ... große Ohren, die es nun aufrichtet ... große, runde Augen, mit denen es dich immer noch anblickt ...

Du spürst vielleicht seine Lebendigkeit ... und die Ruhe in seiner Lebendigkeit ... Das Eichhörnchen atmet ein und aus, ein und aus, ganz ruhig und gleichmäßig ... Ihr seid über die Luft eures Atems verbunden ... Wenn ihr darauf achtet, spürt ihr vielleicht die Ruhe der Luft ... und ihre Kraft, die Kraft, die sie jedem gibt, der sie atmet ...

Vielleicht kannst du dir auch noch ein ganz anderes Tier vorstellen ... einen Adler vielleicht oder einen anderen Vogel, der in der Luft kreist, sicher im Himmel ... der sich von der Ruhe des Himmels tragen lässt ... das Land weit unter sich ... über sich Wolken und Blau ... Vielleicht kannst du dir vorstellen, auf dem Adler oder mit dem Adler ein wenig zu fliegen, im Himmel ... von der Luft getragen ... frei ... Die Kreise des Adlers machen die Ruhe noch größer ... Du kannst vielleicht seine Kraft spüren ... und die Ruhe in seiner Kraft ...

Auch anderen ist es möglich zu fliegen, einem Schmetterling zum Beispiel ... Er fliegt ganz anders als ein Adler oder eine Schwalbe ... Er flattert mit seinen großen Flügeln und torkelt fast über die Wiese hin ... Vielleicht kannst du eine Fröhlichkeit in ihm spüren ... und eine Ruhe, die unter der Fröhlichkeit liegt und ihn stark macht ...

Der Schmetterling ist ganz leicht ... der Himmel trägt ihn ... Der Schmetterling nimmt die Welt ganz leicht ... Auf einen schweren Stein setzt er sich gern, wenn der von der Sonne warm beschienen ist ... Aber bald flattert er wieder los, unbeschwert in den Himmel ...

So ist es möglich, mit einem Schmetterling fröhlich und leicht zu sein ... und ruhig und stark mit einem Adler ... oder einem Bären ... und lebendig mit einem Eichhörnchen ... Ich weiß nicht, was dir davon am besten gefällt, welches Tier du für eine Zeit am liebsten sein möchtest ... wie im

Traum ... vielleicht zu der einen Zeit dieses, zu einer anderen Zeit ein anderes ... immer so, wie es gerade gut ist ... weil alle deine Freunde sein können ... und weil du jedem ein Freund sein kannst ...

Und alle sind verbunden mit der Luft und dem Atem ... mit dem Atem der anderen, der durch dich geht ... und die Ruhe und Kraft an dich gibt ... und die Ruhe und Kraft von dir empfangen kann ...

Stell dir nun wieder die Kugel in deinem Körper vor, wie sie Kraft und Wachheit verbreitet, Frische, in deinem Arm ... sie gleitet vom Arm durch die Schulter in den anderen Arm, verbreitet Kraft und Frische ... und nun auch in deinem Kopf ... Stell dir vor, wie die Kugel durch deinen ganzen Körper gleitet und Kraft und Frische verbreitet ... in deinem Bauch ... in den Beinen ... Du sammelst Kraft und bereitest dich vor, gleich wieder ganz klar und wach zu sein ...

Achte auf die Geräusche im Raum ... Die Ruhe und die Zuversicht und die Frische sind immer noch da ...

Nun kannst du wieder ganz hier im Raum sein. Wenn du soweit bist, dass sich die Augen öffnen möchten, dann lass das einfach geschehen ... Atme dann einmal tief durch! Reck dich und streck dich ...

Deine Höhle

(Ruhe und Kraft, Geborgenheit)

Mach es dir bequem ... Schon während du dich noch räkelst, kannst du beginnen, angenehm ruhiger zu werden ... Und deine Augen können beginnen, eine Stelle im Raum vor dir zu suchen, an der sie verweilen möchten ... Und während du diese Stelle ansiehst, hörst du vielleicht Geräusche um dich ... aus dem Raum ... oder von draußen ... oder anderswoher ... Und während du immer noch die Stelle betrachtest, kann sie immer gleichgültiger werden ... Und dann kann es gut sein, dass du, irgendwann, die Augen schließen möchtest und dass es sich gut anfühlt, die Augen zu schließen, so wie man die Augen schließt, um eine Geschichte zu hören ...

Stell dir eine breite Treppe vor, die vor dir beginnt und immer tiefer führt ... Steig langsam die Treppe hinab, Stufe um Stufe ... Mit jeder Stufe darf die Ruhe in dir größer werden ... Je tiefer du steigst, umso größer wird die Ruhe in dir ... Stufe um Stufe hinab ...

Mit jeder Stufe kann die Bereitschaft in dir größer werden, einfach zu lauschen ... Stufe um Stufe ... dorthin hinab, wo die Ruhe immer noch größer wird ... und deine Bereitschaft ...

Da ist nur der Gang von Stufe zu Stufe hinab ... Da ist die Ruhe und ihre Möglichkeit, immer noch größer zu werden ... Da ist die Bereitschaft zu lauschen, was sich in der Ruhe ereignet ...

Am Ende der Treppe kann das Gras einer Wiese wachsen, mit bunten Blumen zwischen dem Grün ... Du kannst Schritt um Schritt durch die Wiese gehen ... Vielleicht zirpen Grillen – und eine Lerche singt ... irgendwo am Himmel ... durch den weiße Wolken ziehen ... hinein in die Ruhe des Blaus ...

Am Ende der Wiese liegt ein Berg ... Felsen türmen sich hoch in den Himmel ... Über dem Gipfel des Bergs wandern Wolken ...

Wenn du ganz genau hinschaust, kannst du vielleicht zwischen zwei Felsen den Eingang einer Höhle erkennen ... Wenn du näher herangehst und in den Eingang trittst, siehst du vielleicht: An den Wänden der Höhle schimmern Kristalle ... Die Höhle ist dunkel, die Höhle ist hell ... die Höhle ist irgendetwas dazwischen ...

Du kannst in die Höhle treten und dich umschauen ... Vielleicht spürst du die Kraft der geheimen Höhle ... Nur du kannst sie finden, niemand kann sonst hinein ... wenn du es nicht willst ...

Langsam gehst du durch deine Höhle und siehst dich um ... Auf einer Felsplatte liegt ein Buch ... Du gehst heran und schaust es dir an ... „Für deine Höhle", steht auf dem Einband ...

Du schlägst das Buch auf ... Da sind viele Dinge abgebildet: Tische, Stühle, Sofas, Betten, Kleiderschränke, Vasen mit Blumen, Lampen, Uhren, Bücherregale und vieles mehr ... Du berührst ein Sofa im Buch mit dem Finger ... Da erscheint das Sofa in deiner Höhle ... Du ziehst den Finger zurück – das Sofa ist immer noch da ... Du wischt einmal mit dem Finger über das Sofa im Buch – da verschwindet das Sofa in der Höhle wieder ...

Langsam blätterst du nun durch das Buch und schaust dir an, was es alles gibt ... Wenn dir etwas gefällt, drückst du mit dem Finger darauf und es erscheint in deiner Höhle ... Wenn du es dann doch nicht haben möchtest, wischst du mit dem Finger darüber und es verschwindet ...

So blätterst du langsam durch das Buch und richtest dir deine Höhle schön ein ... ...

Du blätterst und überlegst, was du noch brauchen könntest ... Aber du kannst deine Höhle auch später noch einrichten, das Buch liegt immer da ... Jetzt kannst du dich erst einmal hinlegen ... die Augen schließen ... und spüren, wie es sich in deiner Höhle anfühlt ...

Wenn du ganz genau Acht gibst, spürst du vielleicht die Ruhe und Kraft deiner Höhle ... Und du spürst, wie diese Ruhe und Kraft auf dich übergeht, wie sie in dir wächst ...

So kannst du in deiner Höhle liegen, geborgen ... unter dem Zauberlicht ... und spüren, wie du hier geborgen bist und die Ruhe und die Kraft in dir wachsen ...

Irgendwann wirst du die Höhle wieder verlassen wollen ... Du wirst noch einmal durch deine Höhle gehen und dich umschauen ... Das Buch liegt immer noch da ...

Langsam gehst du aus der Höhle ... Du gehst über die Wiese ... zur Treppe ... Du schaust die Treppe hinauf ... Da oben ist dein waches Leben ... Was du in dir hast, die Ruhe und Kraft und die Zuversicht ... die kannst du nun diese Treppe nach oben tragen, tief in dir geborgen ...

Schritt für Schritt steigst du aufwärts, mit jeder Stufe etwas weiter hinauf, in den wachen Raum deines Lebens ...

Mit jeder Stufe, die du steigst, kannst du spüren, wie du wacher wirst ... Ruhe und Kraft und Zuversicht können weiter steigen, tief in dir, mit jeder Stufe, die du höher steigst ...

Du steigst mit ihnen aufwärts ins Wache, Stufe um Stufe, mit jeder Stufe nehmen die Ruhe und Kraft und die Wachheit in dir weiter zu ... bis ganz nach oben ...

Wenn du soweit bist, dass sich die Augen öffnen möchten, dann lass das einfach geschehen ... Atme einmal tief durch! Reck dich und streck dich ...

Bewegung der Ruhe

(Entspannung und Kraft)

Mach es dir ganz bequem ... Während du dich noch räkelst, kannst du schon beginnen, angenehm ruhiger zu werden ... Und deine Augen können beginnen, eine Stelle im Raum vor dir zu suchen, an der sie verweilen möchten ... Und während du diese Stelle ansiehst, hörst du vielleicht Geräusche um dich ... aus dem Raum ... oder von draußen ... oder anderswoher ... Und während du immer noch die Stelle betrachtest, kann sie immer gleichgültiger werden ... Und dann kann es gut sein, dass du, irgendwann, die Augen schließen möchtest und dass es sich gut anfühlt, die Augen zu schließen, so wie man die Augen schließt, um eine Geschichte zu hören ...

Stell dir eine Blume vor, eine Blume die dir gut gefällt. Lass sie vor deinem inneren Auge erscheinen und betrachte alle Einzelheiten ... Es ist möglich, dass deine Blume eine Farbe hat – oder mehrere Farben. Stell dir auch die Farbe genau vor ... Vielleicht kannst du die Ruhe der Blume empfinden. Wenn du in dich selbst hineinhörst, vielleicht kannst du dann beginnen, diese Ruhe auch in dir selbst zu finden ... Und spüren, wie sie tiefer wird ...

Stell dir die Blütenblätter der Blume vor, ob sie glatt oder gefaltet sind ... Vielleicht kannst du dir sogar vorstellen, ein Blütenblatt zu berühren, wie sich das anfühlt, weich oder fest oder beides oder irgendwie anders ... Vielleicht kannst du dir sogar den Duft der Blume vorstellen, ganz in dir selbst ... Wo die Ruhe immer noch tiefer wird, wo sich die Ruhe immer mehr ausbreitet ...

Über die Blume streicht ein Wind ... nur eine leichte Bewegung ... die weitergeht, durch die Luft ... die vielleicht etwas mit sich trägt ... kleine Dinge, wie Blütenstaub ... Staubflocken, die in der Luft tanzen ... vielleicht auch einen Schmetterling, der vom Wind getragen wird und dessen Flügel den Wind leicht bewegen ... Alles in der leichten Bewegung der Luft ... Vielleicht auch ein angenehmer Duft ... ich weiß nicht, wonach ...

In der leichten Bewegung ist eine Ruhe ... und eine Lebendigkeit ... die es auch in jedem Atem gibt ... sogar im Atem des Schmetterlings ... oder in deinem eigenen Atem ... eine Ruhe und Kraft, die verwandt mit dem Himmel ist ... vielleicht auch mit den Wolken, die unaufhaltsam durch den Himmel ziehen ... niemand weiß, wohin ...

Weil hinter jeder kleinen Bewegung die Ruhe ist ... und hinter der Ruhe die Kraft und Lebendigkeit ... Wenn ein Reh, das gerade noch durch den Wald gerannt ist, langsamer wird, wenn es stehenbleibt und sich hinlegt, wenn es liegt und in sich hineinhört, dann zeigt sich diese Ruhe und Kraft ...

Wenn ein Vogel aus dem Himmel in sein Nest fliegt und sich niederlässt und in sich hineinlauscht, dann zeigt sich diese Ruhe und Kraft ... die vorher auch schon da war ...

Wenn ein Löwe, der gerade noch durch das Gras gerannt ist und nun zu seinem Rudel kommt, sich hinlegt, die Augen schließt ... wenn der Löwe schnurrt und in sich hineinlauscht, dann zeigt sich diese Ruhe und Kraft ... die immer da ist, die sich aber manchmal verbirgt ... gerade wenn man sie brauchen kann ... die man aber wiederfinden kann, wenn man in sich hineinlauscht, auf die Ruhe und Kraft ...

Die leichte Bewegung der Luft ist wie dein Atem ... dein Atem aber geht ein und aus, ein und aus, ganz ruhig und gleichmäßig, ganz von allein ... Zwischen den Atemzügen ist Stille ... einen kleinen Moment nur vielleicht ... einen kleinen Moment auf der Schaukel des Atems ist Stille ...

In diesem Moment tanzen die Staubflocken weiter im Raum ... In diesem Moment ist der Atem immer noch da ... in sich selbst geborgen ... dort schöpft er Kraft, wo die Ruhe ist ...

Auf einen der tanzenden Staubflocken kann ein Lichtstrahl fallen, aus dem Himmel ... ein Lichtstrahl kann den Staub erleuchten, einen Moment ... während er immer noch tanzt, auch wenn der Lichtstrahl schon wieder verschwunden ist, weil eine Wolke vor die Sonne zog ... in einer leichten Bewegung ...

Auch auf die Blumen ist der Schatten der Wolke gefallen ... Die Blumen bleiben trotzdem geöffnet, hinein in den Himmel ... während die Wolke weiterzieht ... und bald ... das Licht sich wieder zeigt ... und die Ruhe des Lichts ... die auch die Ruhe in dir ist ... und die Kraft ...

Langsam kehrst du nun zurück in den Raum ... Die Ruhe ist weiter in dir. Und die Kraft. Du spürst vielleicht, wie die Kraft in dir stärker wird. Dein Atem kann nun schneller und tiefer werden ... Achte auf die Geräusche im Raum ... Die Ruhe ist immer noch da ...

Nun kannst du wieder ganz hier im Raum sein. Wenn du soweit bist, dass sich die Augen öffnen möchten, dann lass das einfach geschehen ... Atme dann einmal tief durch! Reck dich und streck dich ...

Ruhebild finden

(Ruhe und Kraft)

Mach es dir bequem ... Und schon während du dich noch räkelst, kannst du beginnen, angenehm ruhiger zu werden ... Und deine Augen können beginnen, eine Stelle im Raum vor dir zu suchen, an der sie verweilen möchten ... Und während das geschieht, hören deine Ohren vielleicht Geräusche um dich ... aus dem Raum ... oder von draußen ... oder anderswoher ... Und während du immer noch die Stelle betrachtest, kann sie immer gleichgültiger werden ... Und dann kann es gut sein, dass du, irgendwann, die Augen schließen möchtest und dass es sich gut anfühlt, die Augen zu schließen, so wie man die Augen schließt, um eine Geschichte zu hören ...

Wenn du darauf achten willst, spürst du deinen Atem gehen, ein und aus, ein und aus, ganz ruhig und gleichmäßig, ganz von allein ... Du spürst, dass es ganz einfach sein kann, auszuatmen und beim Ausatmen die Luft loszulassen, dass sie einfach im Raum verschwindet ...

Und während der Atem in dir immer wieder neu entsteht und vergeht, könnte es in dir immer ruhiger werden ... Da könnte in dir eine gute Ruhe entstehen, in der Bilder aufsteigen und Platz haben, sich zu entfalten ... So kann es ganz einfach sein, eine Weile in Bildern zu leben ...

Unter den vielen Bildern in dir sind manche schön und andere weniger schön ... manche sind ruhig und andere sind weniger ruhig ... Und es ist dir vielleicht möglich, nach einem bestimmten Bild zu suchen ... Eine Landschaft darf es sein, in der Ruhe ist – und Kraft ... Vielleicht hat die Landschaft mit Bergen zu tun ... vielleicht auch mit Wasser, mit einem Fluss oder einem See ... Vielleicht ist da ein schöner Wald, in dem du dich wohl fühlst ... Oder eine Wiese ...

Es kann ganz einfach sein, an verschiedene Landschaften zu denken und sich vorzustellen, welche davon die meiste Ruhe für dich enthält ... und gleichzeitig, unter der Ruhe, die meiste Kraft ...

So wie ein Fluss Ruhe enthält und alles an seinen Ufern ruhig machen kann, auch dich und mich – aber auch Kraft enthält ... was sich an einem Stauwehr zeigen kann, wenn aus der Kraft des Flusses Strom wird, der in Leitungen zu den Häusern der Stadt geht, um dort Wasser heiß zu machen oder Licht zu geben oder den Fernseher tönen zu lassen ...

Auch ein See enthält Ruhe und Kraft ... oder eine Wiese in den Bergen ... oder ein Wald ... oder eine Wiese im Tal ... oder eine Höhle ... oder eine Insel ...

Stell dir einfach die Landschaften vor – und wieviel Ruhe und Kraft du in ihnen spüren kannst ... Bei der einen Landschaft ist es mehr, bei der anderen weniger ...

Und vielleicht kannst du dir sogar die Landschaft ganz genau vorstellen, die die meiste Ruhe und Kraft für dich enthält ... Das ist *deine* Landschaft ... *deine* Landschaft allein ...

Du kannst dir Töne in der Landschaft vorstellen, die die Ruhe und Kraft noch tiefer machen ... Farben ... vielleicht auch Düfte ...

Etwas an dieser Landschaft ist vielleicht besonders ruhig ... Wenn du darauf achtest, kannst du es noch größer und wichtiger machen ... Denn alles, worauf du achtest, wird sofort etwas größer und wichtiger ... so hast du Macht über alle Größe und Wichtigkeit ...

Und etwas an deiner Landschaft ist vielleicht besonders kraftvoll ... Wenn du darauf achtest, kannst du es noch größer und wichtiger machen ... Vielleicht spürst du sogar, wie etwas von seiner Kraft auf dich übergeht, wie du seine Kraft in dir spüren kannst und diese Kraft ein wenig ihre Kraft mit dir teilt ... wie sie dir Kraft gibt ...

Es ist schön zu wissen, was man sich vorstellen kann, damit man selbst ruhiger und kraftvoller wird ... Du kannst dir deine Landschaft vorstellen ... Vielleicht kannst du ihr einen Namen geben ... oder einfach so an sie denken ... wenn du es schön findest ... und wenn du willst, dass die Ruhe und die Kraft in dir wachsen ...

Wenn du darauf achtest, spürst du noch immer den Atem in dir ... Dein Atem strömt ein und aus, ein und aus, ganz ruhig und gleichmäßig, ganz von allein ...

Langsam kehrst du zurück in den Raum ... Die Ruhe ist weiter in dir. Und die Kraft. Du spürst vielleicht, wie die Kraft in dir stärker geworden ist. Dein Atem kann nun schneller und tiefer werden ... Achte auf die Geräusche im Raum ... Die Ruhe ist immer noch da ...

Nun kannst du wieder ganz hier im Raum sein. Wenn du soweit bist, dass sich die Augen öffnen möchten, dann lass das einfach geschehen ... Atme dann tief durch! Reck dich und streck dich ...

Das Haus und die Puppe

(Ruhe und Kraft, Zuversicht)

Mach es dir ganz bequem ... Und schon während du dich noch räkelst, kannst du beginnen, angenehm ruhiger zu werden ... Und deine Augen können beginnen, eine Stelle im Raum vor dir zu suchen, an der sie verweilen möchten ... Und während du diese Stelle ansiehst, kann sie zu verschwimmen beginnen ... Und deine Ohren hören vielleicht Geräusche um dich ... aus dem Raum ... oder von draußen ... oder anderswoher ... Und während du immer noch die Stelle betrachtest, kann sie immer gleichgültiger werden ... Und dann kann es gut sein, dass du, irgendwann, die Augen schließen möchtest und dass es sich gut anfühlt, die Augen zu schließen, so wie man die Augen schließt, um eine Geschichte zu hören ...

Stell dir eine breite Treppe vor, die vor dir beginnt und immer tiefer führt ... Steig langsam die Treppe hinab, Stufe um Stufe ... Mit jeder Stufe kann die Ruhe in dir größer werden ... Je tiefer du steigst, umso größer wird die Ruhe in dir ... Stufe um Stufe hinab ...

Mit jeder Stufe kann die Bereitschaft in dir größer werden, einfach zu lauschen ... der Stimme zu folgen ... Stufe um Stufe ... dorthin hinab, wo die Ruhe immer noch größer wird ... und deine Bereitschaft ...

Da ist nur der Gang von Stufe zu Stufe hinab ... Da ist die Ruhe und ihre Möglichkeit, immer noch größer zu werden ... Da ist die Bereitschaft zu lauschen, was sich in der Ruhe ereignet ...

Am Ende der Treppe liegt eine Wiese ... In der Wiese steht ein Haus ... Die Tür des Hauses steht offen ... An der Tür hängt ein Schild, darauf steht: „Herein!" ... So kannst du eintreten und sehen, was es im Haus alles gibt.

Im ersten Raum steht ein Tisch. Auf dem Tisch siehst du eine Puppe, die sich von selbst bewegt ... sie schlenkert wirr die Arme und Beine ... als sei sie durcheinander ... oder sehr aufgeregt ... Ihr Rücken ist krumm, als würde sie sich ducken ... Ob sie wohl Angst hat? ...

In diesem besonderen Haus, in diesem besonderen Raum kannst du vielleicht mit deinen Händen über der wirren Puppe ein Dach bilden ... und dir vorstellen, wie sich aus deinen Händen Ruhe und Kraft auf die Puppe ergießen ... wie ein Feld aus guter Energie vielleicht ... oder wie ein Segen ... So kannst du dir vielleicht vorstellen, wie die Puppe ruhiger wird ... wie ihre Bewegungen immer runder und schöner werden ... wie ihr Rücken gerader wird ... wie sich ihre Gesichtszüge glätten ...

Aus deinen Händen kann immer noch Ruhe und Kraft auf die Puppe gleiten ... die Puppe kann sich bald wunderschön bewegen, wie in einem Tanz ... Wenn du genau hinschaust, kannst du vielleicht auch schon eine Veränderung ihrer Gesichtszüge bemerken ... vielleicht ein Lächeln ...

Und wenn du noch einmal genauer hinschaust, vielleicht entdeckst du dann eine Ähnlichkeit der Puppe mit jemandem, den du kennst ... oder auch nicht ... das kannst nur du selbst sehen ...

Du betrachtest die schönen, runden Bewegungen der Puppe und kannst dich mit ihr freuen, wie gut sie sich verändert hat ... unter der Ruhe und Kraft deiner Hände ...

Wenn du willst, kannst du aus deinen Händen nun eine andere Kraft strömen lassen ... die macht die Puppe etwas größer ... und du siehst, dass sie noch mehr zu lächeln beginnt ... Und vielleicht siehst du auch, dass ihr Rücken nun ganz gerade wird, dass sie sich überhaupt nicht mehr ducken muss ... nun, wo sie spürt, dass sie wachsen kann ... jeden Tag wachsen ... immer ein Stückchen mehr ...

Jeder Baum wächst jeden Tag ein Stückchen, aber das sieht man nicht gleich ... Erst nach vielen Tagen sieht man, dass er immer gewachsen ist ... Auch jedes Kind wächst jeden Tag ein Stückchen, wird größer, wird stärker, wird mutiger, traut sich mehr ... Wie schön muss es sein, das jeden Tag in sich spüren zu können, auch wenn es jeden Tag nur ein wenig ist ... weil man es bald sehen kann ... und jeder es weiß ...

Die Puppe hat schon zu strahlen begonnen, unter der Kraft deiner Hände ... Sie tanzt ihren Tanz, mit diesem Gesicht, das dir vielleicht doch bekannt vorkommt ... einem strahlenden Gesicht ... Vielleicht kann sie spüren, dass sie jeden Tag ein bisschen wächst, dass sie jeden Tag ein bisschen mehr kann und dass alle das sehen können, wenn sie ihren Tanz betrachten ...

Lass nun die Puppe tanzend zurück ... Langsam verlässt du das Zimmer und das Haus ... Du gehst über die Wiese ... zur Treppe ... Du schaust die Treppe hinauf ... Da oben ist dein waches Leben ... Was du in dir hast, die Ruhe und Kraft und die Zuversicht ... kannst du nun diese Treppe nach oben tragen, tief in dir geborgen ...

Schritt für Schritt steigst du aufwärts, mit jeder Stufe etwas weiter hinauf, in den wachen Raum deines Lebens ...

Mit jeder Stufe, die du steigst, kannst du spüren, wie du wacher wirst ... Ruhe und Kraft und Zuversicht können weiter steigen, tief in dir, mit jeder Stufe, die du höher steigst ...

Du steigst mit ihnen aufwärts ins Wache, Stufe um Stufe, mit jeder Stufe nehmen die Ruhe und Kraft und die Wachheit in dir weiter zu ... bis ganz nach oben ...

Wenn du soweit bist, dass sich die Augen öffnen möchten, dann lass das einfach geschehen ... Atme einmal tief durch! Reck dich und streck dich ...

Bilder der Ruhe

(Ein Bild der Ruhe finden und stärker machen)

Mach es dir ganz bequem ... Schon während du dich räkelst, kannst du beginnen, dich wohlzufühlen und ruhiger zu werden ... Und deine Augen können beginnen, eine Stelle im Raum vor dir zu suchen, an der sie verweilen möchten ... Und während das geschieht, hören deine Ohren vielleicht Geräusche um dich ... aus dem Raum ... oder von draußen ... oder anderswoher ... Und während du immer noch die Stelle betrachtest, kann sie immer gleichgültiger werden ... Und dann kann es gut sein, dass du, irgendwann, die Augen schließen möchtest und dass es sich gut anfühlt, die Augen zu schließen, so wie man die Augen schließt, um eine Geschichte zu hören ...

Wenn du darauf achten willst, spürst du deinen Atem strömen, ein und aus, ein und aus, ganz ruhig und gleichmäßig, ganz von allein ... Du spürst, dass es ganz einfach sein kann, auszuatmen und beim Ausatmen die Luft loszulassen, dass sie einfach im Raum verschwindet ...

Und während der Atem in dir immer wieder neu entsteht und vergeht, könnte es in dir immer ruhiger werden ... Da könnte in dir eine gute Ruhe entstehen, in der Bilder aufsteigen und Platz haben, sich zu entfalten. So kann es ganz einfach sein, eine Weile in Bildern zu leben ...

Unter den vielen Bildern in dir sind auch Bilder der Ruhe ... Ich weiß nicht, was für Bilder dabei sind ... Ich weiß auch nicht, ob du dir ein Bild davon besonders gut vorstellen kannst ... ein Bild, in dem du die Ruhe besonders gut spürst ... von einer ruhigen Landschaft vielleicht ... oder einer Schaukel ... oder einer Blume ... oder einem ruhigen Tier ... oder den Wolken ... oder etwas ganz anderes, was nur du selbst wissen kannst ...

Vielleicht ist dir schon aufgefallen, dass du die Ruhe in dir mit deinem Bild stärker machen kannst ... dass du sie tiefer machen kannst ... ruhiger ... Denn alles, was man sich vorstellen kann, das kann man auch in der Vorstellung verändern ... Wenn du dir dein Bild der Ruhe vorstellst, dann kannst du damit beginnen, es ein wenig zu ändern ... nur ein wenig ... ein wenig ist oft besser als viel ... weil es leichter ist ... und die Ruhe ist leicht ...

So kannst du in deinem Bild der Ruhe die *Farben* verändern, nur ganz leicht, damit es noch ruhiger wird ... Vielleicht probierst du einfach ... oder du weißt schon, wie die Farben sein müssen, damit es noch ruhiger in dir wird ... Und wenn du etwas geändert hast, dann achtest du darauf, ob es damit auch wirklich ruhiger geworden ist ...

Du kannst in deinem Bild auch die *Töne* verändern, falls Töne dabei sind, ganz leicht, damit es noch ruhiger wird ... Du kannst die Töne seltener machen und leiser ... Du kannst spüren, wie sich die Ruhe mit den Tönen verändert und die Töne so lassen, wie es am ruhigsten ist ...

Du kannst in deinem Bild auch die *Geschwindigkeit* ändern ... Du kannst das, was passiert, langsamer machen ... ganz leicht ... Wenn Wolken am Himmel treiben, kannst du sie langsamer treiben lassen ... Wenn Wellen sich bewegen, kannst du sie sich langsamer bewegen lassen ... Wenn ein Tier sich bewegt, kannst du es sich langsamer bewegen lassen ... und beobachten, wie es in der Langsamkeit ruhiger wird ...

Du kannst in deinem Bild auch die *Helligkeit* verändern ... ganz leicht ... Du kannst ausprobieren, ob es ruhiger wird, wenn du es ein wenig heller oder ein wenig dunkler machst ... Und du kannst spüren, wie sich die Ruhe dabei verändert ... Vielleicht gefällt es dir besser und lässt dich die Ruhe besser spüren, wenn es ein wenig heller ist ... Vielleicht gefällt es dir besser und lässt dich die Ruhe besser spüren, wenn es ein wenig dunkler ist ...

Vielleicht findest du noch anderes, was du an deinem ruhigen Bild verändern kannst, damit es noch ruhiger wird ... Wenn du die Ruhe in dir spürst, dann weißt du auch, dass du verändern kannst, wie du dich fühlst ... Dass du die Ruhe größer werden lassen kannst ... Dass du die Ruhe und die Leichtigkeit in dir spüren kannst ...

Wenn du darauf achtest, spürst du noch immer den Atem in dir ... Dein Atem strömt ein und aus, ein und aus, ganz ruhig und gleichmäßig, ganz von allein ...

Langsam kehrst du zurück in den Raum ... Die Ruhe ist weiter in dir. Und die Kraft ... Du spürst vielleicht, wie die Kraft in dir stärker geworden ist ... Dein Atem kann nun schneller und tiefer werden ... Achte auf die Geräusche im Raum ... Die Ruhe ist immer noch da ...

Nun kannst du wieder ganz hier im Raum sein. Wenn du soweit bist, dass sich die Augen öffnen möchten, dann lass das einfach geschehen ... Atme dann einmal tief durch! Reck dich und streck dich ...

Das Ei

(Ruhe und Kraft, Zuversicht)

Mach es dir ganz bequem ... Und schon während du dich noch räkelst, kannst du beginnen, angenehm ruhiger zu werden ... Und deine Augen können beginnen, eine Stelle im Raum vor dir zu suchen, an der sie verweilen möchten ... Und während du diese Stelle ansiehst, kann sie zu verschwimmen beginnen ... Und deine Ohren hören vielleicht Geräusche um dich ... aus dem Raum ... oder von draußen ... oder anderswoher ... Und während du immer noch die Stelle betrachtest, kann sie immer gleichgültiger werden ... Und dann kann es gut sein, dass du, irgendwann, die Augen schließen möchtest und dass es sich gut anfühlt, die Augen zu schließen, so wie man die Augen schließt, um eine Geschichte zu hören ...

Stell dir vor, dass du in einer Hängematte liegst ... Die Hängematte schaukelt ganz leicht, fast unmerkbar ... angenehm ... Du kannst dich in ihr geborgen fühlen ... Stell dir vor, wie das Schaukeln der Hängematte ein wenig stärker wird ... angenehm ... Vielleicht schaukelt die Hängematte im Rhythmus deines Atems hin und her ... Vielleicht kannst du die Ruhe der Hängematte spüren. Und die Ruhe in dir ... Wie sie immer noch ruhiger wird ... Wie sie in dir wächst ... Mit jedem Hin und Her kann die Ruhe in dir wachsen ... Mit jedem Hin und Her kannst du noch tiefer in die Ruhe gleiten ...

Noch tiefer in die Ruhe gleiten, wie der Wind über das Gras gleitet, angenehm ... über das Meer des Grases ... Auch über das Meer des Wassers gleitet der Wind ... vielleicht kannst du es dir vorstellen ... wie dort eine Schule von Walen zieht ... durch die Weite ...

Die Wale scheinen vom Himmel aus klein ... kleine Körper in weißer Gischt und dem unendlichen Blau des Meeres ... Aber wenn du sie dir aus der Nähe vorstellen kannst, dann siehst du, wie mächtig sie sind ... Wenn du darauf achten kannst, dann spürst du ihre Ruhe ... und ihre Kraft ...

Vielleicht ist es schwer, vielleicht auch ganz leicht, sich die Ruhe und die Kraft vorzustellen ... so leicht, wie ein Albatros fliegt, ein gewaltiger Vogel, die Federn des Körpers ganz weiß ... die Federn der langen Flügel dunkel ...

Der Albatros kreist über den Klippen, wo sein Nest ist ... Er steigt immer höher – und fliegt nun weit über das Meer ... Vielleicht kannst du dir das Brausen des Himmels vorstellen ... Der Albatros wird getragen vom Himmel ... Seine Ruhe und Kraft werden getragen vom Himmel ...

In einer Felsspalte der Klippen ist eine Höhle ... Dort hat ein Albatrospaar ein Nest gebaut ... Ein Ei liegt darin ... Ein Albatros wärmt es mit seinem Leib ... Vielleicht spürst du die Wärme des Eis ...

Der brütende Albatros bedeckt das Ei ganz ... Er ist viel größer ... Aber im Ei ist ein Geheimnis verborgen ... das wachsen kann ... das so groß werden kann wie der Albatros, der es bebrütet ... Im Kleinen ist das Große schon ganz enthalten ... Es braucht nur Zeit, dass sich seine Ruhe und Kraft ganz entfalten können ... Vielleicht kannst du ihm helfen, seine Ruhe und Kraft wachsen zu lassen ...

Der brütende Albatros sitzt schon Tage auf dem Ei ... Er hat eine große Geduld ... Ob ihm manchmal langweilig ist, wenn er nur sitzt und brütet? ... Oder ob er dann träumt und die Ruhe und Kraft im Ei wachsen spürt? ...

Vielleicht lässt er geduldig die Ruhe und Kraft in sich selbst groß werden, damit sie auch im Ei wachsen können ...

Vor vielen Jahren ist der Albatros selbst aus einem Ei geschlüpft ... Ob er manchmal daran denkt? ... Damals war er klein und hilflos ... gerade mal, dass er die Eischale mit seinem Schnabel zerschlagen konnte ... herauskriechen konnte ... mehr nicht ... Jetzt ist er groß und kann selbst nach Fisch jagen ... Ob er noch daran denkt, wie er sich damals gefühlt hat? ... Ob er damals die Zuversicht gespürt hat, tief in sich, obwohl er ganz klein war? ... Jetzt kennt er die Zuversicht ...

Von draußen ist das Meer zu hören – und Vogelschreie ... Das Ziehen der Wolken hört niemand ... Es ist unaufhaltsam ... ganz in der Ruhe und Kraft ...

Vielleicht spürst auch du etwas davon in dir ... wie es da ist ... und wachsen kann ... wie die Ruhe und Kraft in dir lebendig sind ... wenn du an sie denkst ... und wie du sie größer machen kannst ...

Stell dir wieder die Hängematte vor, ihr leichtes Schaukeln ... Mit jedem Hin und Her kannst du spüren, wie die Kraft in dir stärker wird, wie du immer mehr in den Raum zurückkommst ... Die Ruhe ist immer noch da ... Du spürst vielleicht, wie die Kraft in dir stärker wird. Dein Atem kann nun schneller und tiefer werden, du kannst Kraft mit ihm sammeln und dich vorbereiten, gleich wieder ganz klar und wach zu sein ... Achte auf die Geräusche im Raum ... Die Ruhe ist immer noch da ...

Nun kannst du wieder ganz hier im Raum sein. Wenn du soweit bist, dass sich die Augen öffnen möchten, dann lass das einfach geschehen ... Atme dann einmal tief durch! Reck dich und streck dich ...

Mut

Eine gewisse Schüchternheit oder Angst oder einfach Unsicherheit sind ganz normal und sogar hilfreich. Wer Angst nicht kennt, wird immer wieder in Schwierigkeiten geraten. Die Fähigkeit, Angst zu empfinden, gehört zu unseren Gaben, sie ist im Grunde ein Segen, denn sie hält uns auf Abstand von manchen Gefahren.

Zum Problem werden Schüchternheit und Ängste, wenn sie das Verhalten von Kindern einschränken, wenn sie Kinder von ganz normalen Erfahrungen und Bekanntschaften fernhalten, wenn sie ein Grundgefühl der Bedrohung und des Versagens über das Leben legen und es damit verdüstern.

„Kinder und Erwachsene brauchen Ängste, um Gefahren erkennen zu können und diesen aus dem Weg zu gehen. So ist es beispielsweise nicht klug, einen fremden Hund, der vor einem Geschäft angebunden ist, zu streicheln oder ihm gar ins Maul zu fassen. Auch sollte man nicht einfach auf eine befahrene Straße laufen, ohne vorher zu schauen, ob sich ein Fahrzeug nähert. Angst hilft uns also, Schaden von uns abzuwenden, sie bewirkt Vorsicht.

Erhöhte Aufregung zeigt Kindern Grenzsituationen, Situationen, die es zu bewältigen gilt. Wenn die Aufregung zeitlich begrenzt und nicht zu stark ist, setzt sie die psychische und körperliche Leistungsfähigkeit manchmal sogar herauf. Ist ein Schulkind beispielsweise vor einer Klassenarbeit oder Prüfung aufgeregt, so fallen ihm nicht selten neue hilfreiche Gedanken und Lösungswege ein. Wenn die Aufregung zu stark wird, wenn keine Bewältigungs- oder Fluchtmöglichkeiten vorhanden sind, kommt es zu Angst. Das Überwinden von Angst, Handeln trotz Angst, nennt man Mut. Mut ist nicht das Gegenteil von Angst, sondern etwas, das Angst voraussetzt. Freisein von Angst, das ist kein Mut. Nach dem bekannten Märchen der Gebrüder Grimm wäre es einfach nur Dummheit. Als Psychologen würden wir es heute als einen emotionalen Defekt bezeichnen." (Friedrich & Friebel 2011)

Kinder mit übertriebener Schüchternheit oder Ängsten werden vor allem durch Rückhalt unterstützt, durch Eltern, die ihnen helfen, gute Erfahrungen zu machen und so die Furcht vor dem ‚was alles passieren könnte' zu verlieren. Positive Erfahrungen sind das wichtigste Mittel im Kampf gegen Ängste und Schüchternheit. Aus einem sicheren Rückhalt heraus und dem Gefühl, geliebt und geschätzt zu werden, können Kinder sich leichter solchen Erfahrungen zuwenden.

Oft stehen Kindern ungünstige Vorstellungen im Weg, die sie sich von der Welt und von sich selbst machen. Hier können Geschichten helfen und die Kinder dazu bringen, ihre Einstellungen zu verändern, sich mehr zu trauen, Mut und Selbstbewusstsein zu entwickeln oder zu verbessern.

In den vorliegenden Trance-Geschichten erfolgt zunächst eine tiefe

Entspannung. Denn in der Entspannung sind wir aufnahmebereiter. Wir können uns besser öffnen und Angebote leichter annehmen.

Nach der Entspannung erfolgt eine Auseinandersetzung mit einzelnen Aspekten von Ängsten oder von Schüchternheit und Unsicherheit. Manchmal werden dabei Ängste und Gegenmittel direkt angesprochen, manchmal versteckt oder in Form von Parabeln. Im Zustand der tiefen Entspannung reichen Worte tiefer als im normalen Gespräch oder bei den ‚guten Ratschlägen' an der Tür, wenn das Kind mit den Gedanken schon ganz woanders ist oder meint, sich verteidigen zu müssen. In den Trance-Geschichten werden die Gedanken des Kindes mit psychologisch fundierten Formulierungen geleitet und in eine Bereitschaft für mehr Aktivität und offeneres Auftreten versetzt.

Am Ende jeder Geschichte kommt das Kind wieder aus der Trance zurück.

Trance-Geschichten können zu einem offeneren und mutigeren Auftreten von Kindern beitragen. Wichtig ist, dass Eltern das in den Trance-Geschichten Erfahrene auch im Alltag umzusetzen helfen, durch viel Liebe und durch die Vermittlung eines Gefühls des bedingungslosen Rückhalts, eines ‚sicheren Hafens' für das Kind. Und mit Geduld. Denn Veränderungen brauchen Zeit. Wir können uns und unseren Kindern diese Zeit lassen.

Wege

(Gelassenheit, Zuversicht)

Mach es dir ganz bequem ... Während du dich noch räkelst, kannst du schon beginnen, dich zu entspannen und ruhiger zu werden ... Und deine Augen können beginnen, eine Stelle im Raum vor dir zu suchen, an der sie verweilen möchten ... Und während du diese Stelle ansiehst, kann sie etwas zu verschwimmen beginnen ... Und während das geschieht, hören deine Ohren vielleicht Geräusche um dich ... aus dem Raum ... oder von draußen ... oder anderswoher ... Und während du immer noch die Stelle anschaust, kann sie gleichgültiger werden ... Und dann kann es gut sein, dass du, irgendwann, die Augen schließen möchtest ... und dass es sich gut anfühlt, die Augen zu schließen, so wie man die Augen schließt, um eine Geschichte zu hören ...

Du spürst deinen Atem gehen, ein und aus, ein und aus, ganz ruhig und gleichmäßig, ganz von allein ... Du spürst, dass es ganz einfach ist, auszuatmen und beim Ausatmen die Luft loszulassen, dass sie im Raum verschwindet ...

Du fragst dich vielleicht, ob es möglich ist, auch anderes loszulassen. Und du fragst dich, was das denn sein könnte, irgendetwas, eine Sorge, etwas, das in dir ist und das du nicht magst, einfach loslassen, dass es mit der Luft deines Atems langsam im Raum verschwindet, dass es weniger und weniger wird, weil es immer mehr mit der Luft deines Atems im Raum verschwindet ... Vielleicht kannst du spüren, wie schön es ist, wenn etwas, das du nicht magst, so einfach immer weniger wird und verschwindet ... Und wie etwas anderes an seine Stelle treten kann, das du magst ... vielleicht ein Lachen oder die Stimme eines Freundes oder ganz einfach eine Zuversicht ... wenn niemand es aufhält ...

So können Bilder in dir aufsteigen, wie im Traum, und wieder verschwinden. Vielleicht sind es Bilder, die du schon kennst und denen du gerne folgst ... Es gibt im Traum die Möglichkeit, vieles zu tun, das sonst schwierig ist, aber auch möglich, und manches ist unmöglich. Aber es ist möglich, in deinen Gedanken einfach einen Weg zu gehen, durch einen lichten Wald.

Der wohltuende Takt deiner Schritte ...

Vielleicht klingen Vogellieder in den Wipfeln der Bäume. Jeder Vogel singt so schön wie er kann, so laut wie er kann. So klein er auch ist, hält sich doch kein Vogel zurück, mit seiner Stimme, mit der Bewegung seiner Flügel, wenn er von einem Ast durch den Wald zu einem anderen Ast fliegt. So ist es ein gutes Gefühl, deinen Weg leicht und frei zu gehen ... voller Zuversicht ...

Du kommst an einen Fluss mit einer Hängebrücke. Andere Kinder sind schon vor dir angelangt. Manche sehen wie Vögel aus, sie gehen einer nach dem anderen langsam über die Brücke und singen dabei ... voller Zuversicht ...

Es kann ganz leicht sein, in einer Reihe mit all den anderen Schritt um Schritt auf der Hängebrücke zu setzen, so leicht wie im Traum ... Vielleicht hörst du dem Singen der anderen zu, dem Singen der Vögel ... Vielleicht singst du auch selbst ...

Dein Atem geht ein und aus ... Bei jedem Ausatmen lässt er die verbrauchte Luft einfach los ... und bei jedem Einatmen schöpft er neue Luft, die ihm gut tut, die ihn stark macht ... Und mit der Luft deines Atems wächst auch die Stärke in dir ...

Auf der anderen Seite des Flusses liegt die Stadt der Zuversicht ... Alle seid ihr hinübergekommen, über die Brücke, so wie man eben an das Ende eines Weges kommt, wenn man den Weg Schritt für Schritt einfach geht ...

Vielleicht fallen dir andere Wege ein, die du schon gegangen bist und immer wieder gehst oder gehen wirst. Vielleicht den Weg zur Schule *(oder zum Kindergarten)* oder den Weg zum Bäcker oder den Weg zu deinen Freunden ... Vielleicht war mancher der Wege erst schwer und ist jetzt ganz selbstverständlich ... So wie jeder Weg selbstverständlich werden kann, wenn du ihn gehst ...

Wenn man einen Weg immer wieder geht, dann vergisst man ihn oft. Das ist dir wahrscheinlich auch schon passiert, dass du dich aufgemacht hast, einen Weg zu gehen – und dann warst du schon da. Ganz in Gedanken hast du auf den Weg gar nicht geachtet, sondern deine Füße sind den Weg ganz selbstverständlich gegangen ...

Du fragst dich vielleicht, ob es möglich ist, jeden bekannten Weg zu gehen, wenn du deine Füße einfach gehen lässt, ohne weiter auf die Bäume oder die Steine des Weges zu achten ... Vielleicht kannst du dann auch die Ruhe spüren und den selbstverständlichen Mut deiner Füße ...

Du spürst dann sicher auch deinen Atem gehen, ein und aus, ein und aus, ganz ruhig und gleichmäßig, ganz von allein ... Und mit deinem Atem kannst du wieder aus der Ruhe in den Raum hier zurückkommen ... Du kannst die Geräusche im Raum hören ... Du spürst den wirklichen Raum um dich ... Die Ruhe und die Zuversicht aber sind immer noch da ...

Und wenn du bereit bist, dann öffnest du die Augen und reckst und streckst dich.

Kinder am Mäuerchen

(Schüchternheit)

Mach es dir ganz bequem ... Während du dich noch räkelst, kannst du schon beginnen, dich zu entspannen und ruhiger zu werden ... Und während du in dich hineinspürst, ist es möglich, dass dein Körper immer mehr zur Ruhe kommt ... So wie auch die Geräusche im Raum und von außerhalb immer da sind, aber langsam zur Ruhe kommen können, so wie sie immerfort neu entstehen und vergehen ... Und das Entstehen und Vergehen kann immer mehr in einer Ruhe geschehen, die vielleicht auch schon in dir immer größer wird ...

Du kannst auch deine Augen spüren ... Und deine Augen können sich eine Stelle im Raum suchen und dort zu ruhen beginnen ... Und die Stelle kann nach einiger Zeit leicht verschwimmen ... So kann es sein, dass du bald ausprobieren möchtest, ob es nicht angenehmer ist, die Augen zu schließen ... Während die Geräusche um dich immer gleichgültiger werden und bald ganz gleichgültig sind ...

Du kannst auch deinen Atem spüren. Er geht, ein und aus, ein und aus, ganz ruhig und gleichmäßig, ganz von allein ... Die Luft strömt in dich hinein und erfrischt dich ... Und wenn du sie loslässt, strömt sie wieder aus dir heraus, ganz von selbst ...

Und wie die Luft deines Atems, so ist es möglich, vieles loszulassen, viele Gedanken und Gefühle ... Sie schwinden einfach dahin ... und kommen vielleicht irgendwann wieder ... und schwinden wieder ... So kann in dir eine gute Stille entstehen, in der Bilder aufsteigen und Platz haben, sich zu entfalten ...

Eines dieser Bilder kann eine ruhige Straße sein ... An einem Mäuerchen sitzen Kinder und unterhalten sich ... Ein Ball, mit dem sie gerade noch gespielt haben, liegt neben ihnen ...

An einer Tür ein paar Häuser weiter steht ein Kind und beobachtet sie ... Das Kind ist ganz angespannt, bis in die Füße hinein ... seine Muskeln sind hart, weil sie gehen wollen, zu den anderen Kindern, aber nicht können, weil irgendetwas sie zurückhält ...

Wenn aber das, was das Kind zurückhält, unsichtbar ist ... dann ist es vielleicht gar nicht wirklich vorhanden ... Obwohl der Wind vorhanden ist, den auch niemand sieht ... Obwohl die Luft, die wir atmen, vorhanden ist ...

Deshalb können wir durch die Luft einfach gehen, auch durch den Wind ... Wir können uns im Wind drehen und weitergehen ... Wir können unsere Füße anschauen und Schritt vor Schritt setzen, durch den unsichtbaren Wind ...

Ein Kind kann auf seinen Atem achten und die Ruhe überall in seinen Körper strömen lassen ... und beobachten, wie die Ruhe in ihm wächst ... Sein Atem strömt ein und aus, hin und her, er ist frei ...

Wenn das Kind spürt, wie angespannt seine Muskeln sind, dann kann es sie entspannen lassen ...

Das Kind kann eine Hand ausstrecken und die Hand schließen ... Und es kann die Hand wieder öffnen ... Es kann etwas in sich immer leichter werden lassen, bis es einfach losgeht ... und die Schritte immer leichter werden lassen, bis es bei den Kindern steht ... Und vielleicht wollen die nun wieder Ball spielen und es kann mitmachen ...

So spielen die Kinder Ball in der ruhigen Straße. Wenn aber jetzt doch ein Auto kommt, nehmen sie den Ball und machen Platz. Und wenn das Auto vorbei ist, können sie weiterspielen ...

Vielleicht hören sie die Geräusche, die in der Straße sind, vielleicht riechen sie, dass gerade irgendwo Essen gekocht wird oder sie riechen Blumen und das verbrannte Benzin des vorübergefahrenen Autos ...

Und sie können ... wie du ... aus der ruhigen Straße der Bilder zurückkommen zu den Geräuschen des Raumes und den Geräuschen von draußen ... Und du kannst deinen Körper spüren ... Dein Atem ist immer da, er geht ein und aus, ein und aus, ganz ruhig und gleichmäßig, ganz von allein ... Den hast du mitgebracht ...

So liegst du noch etwas und träumst. Und wenn du bereit bist, dann öffne die Augen und reck und streck dich.

Die Wale

(Kraft und Ruhe in sich spüren)

Mach es dir ganz bequem ... Während du dich noch räkelst, kannst du schon beginnen, dich zu entspannen und ruhiger zu werden ... Und deine Augen können beginnen, eine Stelle im Raum vor dir zu suchen, an der sie verweilen möchten ... Und während du diese Stelle ansiehst, kann sie zu verschwimmen beginnen ... Und während das geschieht, hören deine Ohren vielleicht Geräusche um dich ... aus dem Raum ... oder von draußen ... oder anderswoher ... Und während du immer noch die Stelle anschaust, kann sie immer gleichgültiger werden ... Und dann kann es gut sein, dass du, irgendwann, die Augen schließen möchtest ... und dass es sich gut anfühlt, die Augen zu schließen, so wie man die Augen schließt, um eine Geschichte zu hören ...

Ich zähle nun langsam von Fünf bis Null. Die Entspannung und Ruhe in dir kann dabei immer tiefer werden ...

Fünf – Du hörst noch die Geräusche um dich. Jedes Geräusch geschieht in der Stille. Du spürst die Ruhe um die Geräusche immer stärker werden und alle Geräusche umfangen ...

Vier – Geh in Gedanken durch deinen Körper und versuche überall, die tiefe Ruhe und Entspannung zu empfinden ... Vielleicht kannst du empfinden, wie die Ruhe und Entspannung immer noch tiefer werden ...

Drei – Achte auf deinen Atem, er geht ein und aus, ein und aus, ganz ruhig und gleichmäßig, ganz von allein ... Du spürst bei jedem Atemzug die Ruhe in dir ...

Zwei – Stell dir einen Meeresstrand vor ... Mit jedem deiner Atemzüge rauscht eine Welle sanft an den Strand ... Stell dir vor, wie du mit jeder Welle ruhiger wirst, wie du immer tiefer in die Entspannung kommst ...

Eins – Stell dir weiter draußen im Meer Wale vor ... Langsam gleiten ihre riesigen Körper durch das Wasser ... Achte auf die Ruhe der Wale ... Die Schläge ihrer Schwanzflossen sind ganz langsam und ruhig – und mächtig ... Stell dir vor, wie du im Gleiten der Wale noch ruhiger wirst ...

Null – Stell dir den Himmel über den Walen vor. Langsam treiben weiße Wolken durch das Blau. Stell dir die Ruhe der weißen Wolken vor und spüre, wie du selbst immer noch ruhiger wirst ...

Unter der Ruhe der Wolken schwimmen die Wale ... Um sich das Blau des Wassers, über sich das Blau des Himmels – und ein paar weiße Wolken vielleicht ... Die Ruhe in den gewaltigen Walen ... Die Kraft ...

Langsam schwimmen die Wale durch das unendliche Meer ... Manchmal begegnen ihnen Schwärme von kleinen Fischen. Die kleinen Fische schwimmen sehr flink ... Die Wale aber bewegen nur ab und zu eine gewaltige Flosse ...

Eine Zeitlang begleitet ein schneller Delfin die Wale. Er schwimmt zwischen ihnen durch, schwimmt ihnen voraus, wendet, streift fast ihre gewaltigen Leiber ... Der flinke Delfin freut sich an der Ruhe und an der Kraft der Wale ...

„Was ich auch tue, die Kraft liegt in der Ruhe", pfeift der Delfin. „In der Ruhe liegt die Kraft, die alles schafft" ...

Unbeirrbar schwimmen die Wale auf ihrem Weg ...

Eine Insel kommt in Sicht. Langsam gleiten die Wale an der Küste entlang. Einige blasen Fontänen in den Himmel. Am Strand stehen Menschen und schauen zu den Walen hinüber. Immer mehr Menschen kommen aus den Hütten des Dorfes und staunen am Strand über die Ruhe und Kraft der Wale ...

Einige Menschen sind in Boote gestiegen und rudern auf das Meer zu den Walen ... Eines der Boote kommt ganz dicht an einen der Wale heran. Ein Junge berührt den Rücken des Wals mit der Hand. Er spürt die Kraft des Wals auf sich übergehen ... Sein Herz schlägt schnell, doch er spürt, wie es an der Kraft des Wals ruhiger wird ...

‚Walmenschen' nennen sie im Dorf jene, die einen Wal berührt haben, die gespürt haben, wie etwas von der Kraft des Wals auf sie übergeht ... Der Junge gehört nun dazu ...

„Vielleicht muss ich ihn gar nicht wirklich berühren", sagt der Junge zu Hause, „vielleicht kommt es eigentlich darauf an, die Kraft in sich zu spüren und groß werden zu lassen ... Vielleicht hat jeder diese Kraft in sich ... Aber wir denken nicht daran und lassen sie deshalb nicht groß werden." ...

Ein paar von den anderen Jungen wollen den Jungen berühren. Ein Mädchen aber hat die Augen geschlossen und spürt in sich hinein nach der Kraft ... der Kraft des Wals ... lässt sie groß werden ... Auch ein Junge versucht es und lässt die Kraft in sich groß werden ...

Die Wale sind weitergezogen ... Das Meer liegt immer noch da ... Das Meer ist gewaltig, ein unendliches Blau ... Wieder und wieder schickt es aus seiner gewaltigen Ruhe Wellen ans Ufer ... Die Wellen laufen den Sandstrand hinauf ... Die Wellen spülen zurück in die Ruhe des Meeres ...

Langsam kehrst du nun vom Meer und den Walen zurück in die Ruhe des Raums ... Ich zähle nun von Eins bis Drei, und mit jedem Zählen kommst du ein Stück weiter zurück ...

Eins – Du kannst noch der Ruhe in dir nachspüren, du spürst in dir auch die Kraft, wie sie wächst ...

Zwei – Du spürst die Kraft in dir immer stärker werden. Dein Atem kann nun schneller und tiefer werden ... Achte auf die Geräusche im Raum ... Die Ruhe und die Kraft sind immer noch da ...

Drei – Du bist nun wieder ganz hier. Wenn du soweit bist, dass sich die Augen öffnen möchten, dann lass es einfach geschehen ... Atme dann einmal tief durch! Reck dich und streck dich ...

Sätze sagen hören

(Sätze positiven Verhaltens in sich)

Mach es dir ganz bequem ... Während du dich noch räkelst, kannst du schon beginnen, dich zu entspannen und ruhiger zu werden ... Und deine Augen können beginnen, eine Stelle im Raum vor dir zu suchen, an der sie verweilen möchten ... Und während du diese Stelle betrachtest, kann sie zu verschwimmen beginnen ... Und während das geschieht, hören deine Ohren vielleicht Geräusche um dich ... aus dem Raum ... oder von draußen ... oder anderswoher ... Und während du immer noch die Stelle anschaust, kann sie immer gleichgültiger werden ... Und dann kann es gut sein, dass du, irgendwann, die Augen schließen möchtest ... und dass es sich gut anfühlt, die Augen zu schließen, so wie man die Augen schließt, um eine Geschichte zu hören ...

Vielleicht ist es dir möglich, dir etwas vorzustellen ... eine Kugel vielleicht, aus guter, heller Energie ... Die Kugel kannst du vor dir schweben lassen und dabei betrachten ... und freundlich machen ... und stark ... Und wenn sie dir richtig gut gefällt, dann kannst du sie in deinen Körper schweben lassen ... Und du kannst dir vorstellen, wie sich die Kugel in deinem Körper bewegt und überall um sich Ruhe und Kraft verbreitet ...

Vielleicht kannst du deinen starken Arm spüren ... und dir die Kugel in ihm vorstellen, die sich unsichtbar bewegt, geheimnisvoll, und um sich herum Ruhe und Kraft verbreitet ... Vom Arm schwebt die Kugel zu deiner Schulter, verbreitet dort Ruhe und Kraft ... und den anderen Arm hinunter, wo sie die Ruhe und Kraft noch stärker werden lässt ... Und hinauf in den Kopf, wo sie Ruhe ausstrahlt, wo die Gedanken zur Ruhe kommen dürfen ... Und hinunter zum Bauch, wo es ruhig wird und warm ... Und in ein Bein hinein, wo sich die Ruhe und Kraft verbreitet, wo die Kugel alles um sich herum noch ruhiger macht ... Und das Bein hinauf und hinab in das andere Bein, in die Ruhe und Kraft, die immer noch stärker werden ... Und langsam gleitet die Kugel wieder zu deinem Bauch, wo sie die Ruhe und Kraft immer noch weiter verbreitet, wo die Ruhe und Kraft weit hinausstrahlt in alle Teile deines Körpers ... Vielleicht kannst du die Ruhe und Kraft der Kugel spüren und die Ruhe und Kraft, die sie um sich verbreitet ... Es ist die Ruhe und Kraft in dir ...

Vielleicht können deine Gedanken immer mehr zur Ruhe kommen und es kann aus der Ruhe dann Kraft und Zuversicht entstehen ... Denn in der

Ruhe können sich Gedanken mit vielem beschäftigen ... Manches davon kann einen froh machen ... Manches davon lässt einen freundlich und weitherzig werden ... Manches davon macht einen stark ...

Wenn deine Gedanken immer mehr zur Ruhe kommen, vielleicht können dann auch Sätze aufsteigen, die du womöglich schon oft gehört hast, die dann aber weit weg waren und die nun nahe sind, im weiten, freien Raum ... Manche Sätze sind vielleicht ganz klar und einsichtig und andere nicht ...

Ich frage mich, ob du solche Sätze so oder ähnlich schon einmal gehört hast oder ob nicht.

Zum Beispiel: „Sage es anderen, wenn dir etwas gut an ihnen gefällt oder wenn du findest, dass sie gerade etwas gut gemacht haben." ...

Oder: „Stell dir nicht dauernd vor, was alles passieren könnte, sondern probiere es einfach aus." ...

Oder: „Beleidige andere nicht. Wenn dir etwas nicht passt, sag es klar und ohne viel Aufhebens – aber ohne den anderen zu beleidigen." ...

Oder: „Wenn andere etwas von dir wollen, du das aber nicht willst oder nicht kannst, sag ruhig und klar *nein*. Und wenn du *nein* gesagt hast, sag auch etwas mehr dazu, etwas Gutes, was du stattdessen gern hättest." ...

Oder: „Wenn dich jemand kritisiert, höre gut zu. Was jemand zu dir sagt, muss nicht stimmen. Andere Menschen denken vielleicht etwas ganz anderes über dich. Aber vielleicht kannst du doch etwas daraus erfahren." ...

Oder: „Überlege nicht nur, *was* du sagst, sondern auch *wie* du es sagst! Denn wenn du etwas unfreundlich sagst, finden andere es viel schlechter, als wenn du es freundlich sagst." ...

Oder: „Wenn du lachst, wird alle Unsicherheit und sogar Angst weniger. Also lach einfach, wenn du unsicher bist! Lachen ist fast immer gut." ...

Vielleicht fallen dir noch mehr Sätze ein, die du gehört hast und gut findest ... Wenn du die Augen geschlossen hast und die Gedanken in dir weniger sind, kannst du viel besser hören ... Etwas in dir kann dann hören, das sonst kaum hören kann ...

Die Ohren sind in der Ruhe größer geworden, alle Worte klingen viel tiefer in dich hinein ... Die Luft im Raum ist ganz ruhig und du kannst auch etwas von der Ruhe in dir spüren, wenn du genau hinhörst ...

So kannst du die guten Sätze in dir selbst erinnern ... und größer machen, wenn du sie brauchst ... Wie wenn man eine Tür aufmacht, um einen verschlossenen Schatz zu betrachten ... so kannst du in der Ruhe der Gedanken deine guten Sätze in dir denken und groß werden lassen ... bis sie dich ganz erfüllen ... und stark machen ... überall kannst du das ... immer ... wenn du es möchtest ...

Stell dir nun wieder die Kugel in deinem Körper vor, wie sie Kraft und Wachheit verbreitet, Frische, in deinem Arm ... Sie gleitet vom Arm durch die Schulter in den anderen Arm, verbreitet Kraft und Frische ... in deinem Kopf ... Stell dir vor, wie sie durch deinen ganzen Körper gleitet und Kraft und Frische verbreitet ... in deinem Bauch ... in den Beinen ... Du sammelst Kraft und bereitest dich vor, gleich wieder ganz klar und wach zu sein ...

Achte auf die Geräusche im Raum ... Die Ruhe und die Zuversicht und die Frische sind immer noch da ...

Nun kannst du wieder ganz hier im Raum sein. Wenn du soweit bist, dass sich die Augen öffnen möchten, dann lass das einfach geschehen ... Atme dann einmal tief durch! Reck dich und streck dich ...

Die Treppe zur Zuversicht

(Mut-Sprüche)

Mach es dir ganz bequem ... Während du dich noch räkelst, kannst du schon beginnen, dich zu entspannen und ruhiger zu werden ... Und deine Augen können beginnen, eine Stelle im Raum vor dir zu suchen, an der sie verweilen möchten ... Und während du diese Stelle ansiehst, kann sie zu verschwimmen beginnen ... Und während das geschieht, hören deine Ohren vielleicht Geräusche um dich ... aus dem Raum ... oder von draußen ... oder anderswoher ... Und während du immer noch die Stelle anschaust, kann sie immer gleichgültiger werden ... Und dann kann es gut sein, dass du, irgendwann, die Augen schließen möchtest ... und dass es sich gut anfühlt, die Augen zu schließen, so wie man die Augen schließt, um eine Geschichte zu hören ...

Stell dir eine breite Treppe vor, die vor dir beginnt und immer tiefer führt ... Geh langsam die Treppe hinab, Stufe um Stufe ... Mit jeder Stufe kann die Entspannung in dir größer werden ... Je tiefer du steigst, umso größer wird die Ruhe in dir ... Stufe um Stufe steigst du hinab ...

Mit jeder Stufe kann die Bereitschaft in dir größer werden, einfach zu lauschen ... der Stimme zu folgen ... Stufe um Stufe ... dorthin hinab, wo die Ruhe immer noch größer wird ... und deine Bereitschaft ...

Da ist nur der Gang von Stufe zu Stufe hinab ... Da ist die Ruhe und ihre Möglichkeit, immer noch größer zu werden ... Da ist die Bereitschaft zu lauschen, was sich in der Ruhe ereignet ...

Stufe um Stufe steigst du hinab und kannst vielleicht schon zu spüren beginnen, wie Stufe um Stufe der Mut und die Zuversicht in dir größer werden ... Wie die Ruhe in dir immer größer werden kann, so kann auch der Mut und die Zuversicht in dir ... immer größer werden ... Stufe um Stufe ...

Wenn einer genau hinhören würde, könnte er fast meinen, dass die Stufen etwas flüstern ... Oder sind es die Gräslein, die hier und da in den Ritzen der Stufen wachsen? ... Wenn einer genau hinhören könnte, vielleicht verstände er dann etwas wie „Mut" und wie „Zuversicht" und wie „Freude", das die Stufen oder die Gräslein flüstern, während du die Treppe immer noch abwärts steigst ... Stufe für Stufe ...

Vielleicht gelingt es noch besser zu hören, was da geflüstert wird, vielleicht schälen sich noch andere gute Worte aus dem Dunst dieses Flüsterns, während du die Treppe immer noch tiefer steigst ...

„Mit Mut geht's gut!", könnte man vielleicht hören, wenn man ganz genau hinhört ... Und du steigst noch eine Stufe tiefer auf der Treppe der Zuversicht ... Ich weiß nicht, vielleicht kannst du den Spruch in dich hineinsagen und ihn dort in dir größer werden lassen, lauter in dir ... bis er dich ganz erfüllt und ein gutes Gefühl macht: „Mit Mut geht's gut!" ... Und du steigst noch eine Stufe tiefer auf der Treppe der Zuversicht ...

„Genau geschaut und dann getraut!", könnte man vielleicht flüstern hören, wenn man ganz genau hinhört ... Und du steigst noch eine Stufe tiefer auf der Treppe der Zuversicht ... Vielleicht kannst du den Spruch in dich hineinsagen und ihn dort in dir größer werden lassen, lauter in dir ... bis er dich ganz erfüllt und ein gutes Gefühl macht: „Genau geschaut und dann getraut!" ... Und du steigst noch eine Stufe tiefer auf der Treppe der Zuversicht ...

„Was ich auch tue, die Kraft kommt aus der Ruhe", könnte man vielleicht flüstern hören, wenn man ganz genau hinhört ... Und du steigst noch eine Stufe tiefer auf der Treppe der Zuversicht ... Ob du wohl den Spruch in dich hineinsagen und ihn dort wachsen lassen kannst, lauter in dir ... bis er dich ganz erfüllt und ein gutes Gefühl macht?: „Was ich auch tue, die Kraft kommt aus der Ruhe" ... Und du steigst noch eine Stufe tiefer auf der Treppe der Zuversicht ...

„Aus der Ruhe kommt die Kraft, die alles schafft", könnte man vielleicht flüstern hören, wenn man ganz genau hinhört ... Und du steigst noch eine Stufe tiefer auf der Treppe der Zuversicht ... Vielleicht kannst du auch diesen Spruch in dich hineinsagen und ihn dort in dir größer werden lassen ... lauter in dir ... bis er dich ganz erfüllt und ein gutes Gefühl macht: „Aus der Ruhe kommt die Kraft, die alles schafft" ... Und du steigst noch eine Stufe tiefer auf der Treppe der Zuversicht ...

Du bist auf einer Wiese angelangt, tief in der Zuversicht ... Bunte Blumen blühen, Gras wächst ... Du kannst über die Wiese gehen und lauschen, auf das flüsternde Gras, auf die Blumen ... Vielleicht sind Vogelstimmen oder andere Geräusche zu hören ... Vielleicht spürst du schon die Kraft der Wiese ... Vielleicht spürst du schon, wie ihre Kraft auf dich übergeht, wie der Mut und die Zuversicht in dir stärker werden ...

Langsam gehst du wieder zur Treppe ... Da oben ist dein waches Leben ... Was du in dir hast, die Ruhe und Kraft, den Mut und die Zuversicht, dieses gute Gefühl ... kannst du nun diese Treppe nach oben tragen, tief in dir geborgen ... Und einen Mut-Spruch, kannst du auch in dir tragen und bewahren, bis du ihn brauchst ...

Schritt für Schritt steigst du aufwärts, mit jeder Stufe etwas weiter hinauf, in den wachen Raum deines Lebens ...

Mit jeder Stufe, die du steigst, kannst du spüren, wie du wacher wirst ... Ruhe und Mut und Zuversicht können weiter wachsen, tief in dir, mit jeder Stufe, die du höher steigst ...

Du steigst mit ihnen aufwärts ins Wache, Stufe um Stufe, mit jeder Stufe nehmen die Kraft und der Mut und die Wachheit in dir weiter zu ... bis ganz nach oben ...

Wenn du soweit bist, dass sich die Augen öffnen möchten, dann lass das einfach geschehen ... Atme einmal tief durch! Reck dich und streck dich ...

Julian geht im Zimmer

(Körperveränderungen zu Schüchternheit und Angst)

Mach es dir ganz bequem ... Während du dich noch räkelst, kannst du schon beginnen, dich zu entspannen und ruhiger zu werden ... Und während du in dich hineinspürst, ist es möglich, dass dein Körper immer mehr zur Ruhe kommt ... So wie auch die Geräusche im Raum und von außerhalb immer da sind, aber langsam zur Ruhe kommen können, so wie sie immerfort neu entstehen und vergehen ... Das Entstehen und Vergehen kann immer mehr in einer Ruhe geschehen, die vielleicht auch schon in dir immer größer wird ...

Du kannst vielleicht deine Augen spüren ... Und deine Augen können sich eine Stelle im Raum suchen und dort zu ruhen beginnen ... Und die Stelle kann nach einiger Zeit leicht verschwimmen ... So kann es sein, dass du bald ausprobieren möchtest, ob es nicht angenehmer ist, die Augen zu schließen, irgendwann ... Während die Geräusche um dich immer gleichgültiger werden ... und bald ganz gleichgültig sind ...

Du kannst auch deinen Atem spüren. Er geht, ein und aus, ein und aus, ganz ruhig und gleichmäßig, ganz von allein ... Die Luft strömt in dich hinein und erfrischt dich ... Und wenn du sie loslassen kannst, strömt sie wieder aus dir heraus, ganz von selbst ...

Zu atmen ist ganz einfach ... Einzuatmen ist einfach ... Den Atem loszulassen ist einfach ... Die Ruhe zwischen den Atemzügen zu hören, kann ganz einfach sein ... Da brauchen keine Gedanken entstehen, ob der

Atemzug gut sein wird oder ob er weniger gut ist ... Obwohl der eine Atemzug tatsächlich gut und ein anderer vielleicht weniger gut gelingt ... Aber selbst wenn jemand spürt, dass ein Atemzug nicht so gut geworden ist, ärgert er sich nicht, sondern macht einfach den nächsten ... Ein Atemzug nach dem anderen ...

So ist es auch möglich, einen Schritt nach dem anderen zu machen, wenn man auf dem Gehweg unterwegs ist ... oder auf einer Wiese ... oder im Wald ... An einem See vielleicht, auch da ist es möglich, einen Schritt nach dem anderen zu tun ... Vielleicht tritt man mal schlechter auf, weil da ein Stein lag oder ein Stück Holz ... Und der Schritt wird schlechter, man kann das am Fuß spüren, vielleicht auch noch ein Stück das Bein hoch ... Aber schon kommt der nächste Schritt und der weniger gute Schritt ist fast schon vergessen ...

Wenn man so an einem Wasser geht, kann man gut nachdenken ... Auch wenn man in einem Zimmer sitzt und es ruhig ist, geht das ... Und die Gedanken können sich mit allem Möglichen beschäftigen, mit dem Singen der Vögel vielleicht ... oder dem Ticken der Uhr ... Sie können daran denken, wann es etwas zu essen geben wird ... Oder ob man bald etwas haben wird, was einem nicht so gefällt ... Wovor einem bange ist ... Von dem man nicht genau weiß, ob man es gut schaffen wird ...

Schon wenn wir an etwas denken, kann uns das verändern. Wenn wir an etwas denken, das uns froh macht, richten die meisten Menschen sich auf, der Rücken wird gerade, sie machen sich groß, im Gesicht erscheint ein Lächeln ... Und wenn sie reden, ist das eher ein wenig lauter als leiser ...

Wenn wir an etwas denken, das uns traurig macht oder vor dem wir Angst haben, senken die meisten Menschen den Blick, machen sich klein, der Rücken wird eher runder, das Gesicht wird ernst oder sogar furchtsam ... Und wenn sie reden, ist das meistens leiser und nicht so klar zu verstehen ...

Julian ist ein Junge, dem das einmal aufgefallen ist, als er in seinem Zimmer saß und darüber nachdachte. Er hatte am nächsten Tag eine Aufgabe zu machen, vor der er richtig Angst hatte. Und weil er vorher im Fechtunterricht war, dachte er darüber nach, warum er sich manchmal groß und manchmal klein fühlte ... Und nicht nur fühlte, sondern auch war ...

Er ging im Zimmer umher und richtete sich eine Runde groß auf, wie beim Fechten, und machte sich die nächste Runde klein, ließ die Schultern herunterhängen, machte den Rücken runder, verzog das Gesicht traurig ... Und spürte, dass er in der einen Runde wirklich größer wurde, wirklich sich besser fühlte, wirklich mutiger war ... Und in der anderen Runde wurde er wirklich kleiner, fühlte sich wirklich schlechter und beklommener ...

Julian hat sich dann überlegt, dass er dann, wenn er besonders groß und mutig sein möchte, sich eben auch groß machen möchte, dass er den Rücken gerader machen möchte, dass er lächeln möchte, dass er klar und deutlich reden möchte, dass er feste Schritte machen möchte, um ein wenig oder sogar viel mutiger und sicherer zu werden ...

Das hat Julian in seinem Zimmer probiert ... Er ist im Kreis gegangen und hat an die Aufgabe am nächsten Tag gedachte und hat sich größer und sicherer und mutiger gemacht ...

Und am nächsten Tag vor der Aufgabe hat er das wieder gemacht ... Und er hat die Aufgabe besser geschafft, als er das vorher befürchtete ... Da hat er sich selbst gesagt: „Gut gemacht! Du kannst das!“, und sich gefreut, das er das so gut geschafft hat.

Das hat er dann seinem Freund erzählt. Und der Freund hat es auch ausprobiert, als er vor etwas Angst hatte. Er hat sich dann auch größer gemacht, hat gelächelt und deutlich und klar geredet. Und auch bei ihm hat das gut geklappt und er hat sich dann gesagt: „Gut gemacht! Du schaffst das!“

Sich größer machen, kann eigentlich jeder ... Aber nicht jeder weiß, dass das helfen kann, wenn man unsicher ist oder Angst hat ... Dabei kann es ganz einfach sein ... so wie der Atem einfach ein- und ausströmt, ganz ruhig und gleichmäßig, ganz von allein ... auch wenn der eine Atemzug besser und ein anderer ein bisschen schlechter sein wird ... Aber das macht nichts, denn nach jedem Atemzug kommt der nächste, nach jeder Sekunde folgt eine andere, nach jeder Stunde kommt der große Zeiger der Uhr wieder an dieselbe Stelle und beginnt einfach von Neuem, nach jedem Tag folgt ein neues Erwachen und ein schöner neuer Tag ...

Du spürst deinen Atem gehen, ein und aus, ein und aus, ganz ruhig und gleichmäßig, ganz von allein. Und mit deinem Atem kannst du wieder aus der Ruhe in den Raum hier zurückkommen ... Du kannst die Geräusche im Raum hören ... Du spürst den wirklichen Raum um dich ... Die Ruhe und die Zuversicht aber sind immer noch da ...

Und wenn du bereit bist, dann öffnest du die Augen und reckst und streckst dich.

Julia und die Blume

(Rückhalt, Zuversicht)

Mach es dir ganz bequem ... Während du dich noch räkelst, kannst du vielleicht deinen Körper spüren ... und spüren, ob er ein wenig zur Ruhe kommen möchte ... Und deine Augen können beginnen, eine Stelle im Raum vor dir zu suchen, an der sie verweilen möchten ... Und während du diese Stelle ansiehst, kann sie zu verschwimmen beginnen ... Und während das geschieht, hören deine Ohren vielleicht Geräusche um dich ... aus dem Raum ... oder von draußen ... oder anderswoher ... Und während du immer noch die Stelle anschaust, kann sie immer gleichgültiger werden ... Und dann kann es gut sein, dass du, irgendwann, die Augen schließen möchtest ... und dass es sich gut anfühlt, die Augen zu schließen, so wie man die Augen schließt, um eine Geschichte zu hören ...

Stell dir eine Blume vor, eine Blume die dir gut gefällt. Lass sie vor deinem inneren Auge erscheinen und betrachte alle Einzelheiten ... Es ist möglich, dass deine Blume eine Farbe hat – oder mehrere Farben. Stell dir auch die Farbe genau vor ... Vielleicht kannst du die Ruhe der Blume empfinden ... Wenn du in dich selbst hineinhörst, vielleicht kannst du dann beginnen, diese Ruhe auch in dir selbst zu finden ... Und zu beobachten, wie sie langsam tiefer wird ...

Stell dir die Blütenblätter der Blume vor, ob sie glatt oder gefaltet sind ... Vielleicht kannst du dir sogar vorstellen, ein Blütenblatt zu berühren, wie sich das anfühlt, weich oder fest oder beides oder irgendwie anders ... Vielleicht kannst du dir sogar den Duft der Blume vorstellen, ganz in dir selbst ... Wo die Ruhe immer noch tiefer wird, wo sich die Ruhe immer mehr ausbreitet ...

Eine Blume ist fest mit der Erde verwachsen ... Wenn der Wind sie ein wenig bewegt, kann sie doch sicher sein, dass die Erde sie hält ...

Die Wurzeln der Blume kennen die Erde noch besser, als die Blume sie kennt ... Die Wurzeln der Blume sind mit der Erde verwachsen ... Die Wurzeln nehmen aus der Erde Wasser und Nährstoffe auf und leiten sie in den Stiel, bis zur Blume ...

Ich weiß nicht, wie die Farben der Blume entstehen, ob sie vom Wasser kommen oder von den Nährstoffen oder ob die Farben der Blume etwas sind, was sie immer schon in sich trägt ... Die Farben entfalten sich mit dem Blühen der Blume ... Über die Tiefe der Wurzeln ist die Blume gewachsen und steht nun im Wind ...

Julia hat sich hingehockt, vor die Blume ... Julia berührt die Blume leicht mit den Fingern ... Die Blume bebt ganz leicht ... Ihre Wurzeln halten sie fest ...

Julia denkt an ihre Mutter und an ihren Vater ... Sie weiß genau, wo sie sind. Sie weiß, wo sie nachher sein werden, wieder mit ihr ... Julia erhebt sich und geht ein paar Schritte in die Richtung weg von den Eltern ... Sie kann sie immer noch spüren ... Julia geht wieder zurück ...

Ich weiß nicht, wie sie die Kraft spürt, die von den Eltern kommt und warum ... Vielleicht, weil die Eltern einfach da sind ... Auch wenn sie jetzt nicht zu sehen sind ... Vielleicht, weil Julia weiß, dass sie immer zu den

Eltern gehen und sie berühren kann ... Dass sie von ihrer Kraft immer soviel Kraft bekommen wird, wie sie braucht ... Dass ihre kleine Kraft aus der Kraft der Eltern und anderer Menschen noch wächst ... Dass ihre eigene Kraft immer größer wird ...

Wenn Julia über den Hügel geht, ist die Kraft immer noch da, tief in ihr ... Wenn Julia ihre Kraft braucht, dann denkt sie daran, dass ihre Eltern hinter ihr stehen ... manchmal ganz nah ... immer so nah, dass sie sie spüren kann, wenn sie es will ... Und sie denkt voller Zuversicht daran, dass sie nachher zu ihren Eltern zurückgehen kann und alles erzählen ... Und dass sie die Kraft dann noch stärker fühlt ... Und dass sie spürt, wie die Kraft der Eltern zu ihrer eigenen Kraft wird ...

Julia kann immer weitergehen, voller Zuversicht, an der Blume vorbei ... Weil die Kraft von Menschen noch viel stärker sein muss, als die Wurzeln der Blume ... Julia spürt unter den Füßen den Boden, wie er sie trägt ... Sie spürt den Himmel, der über ihr sich schon immer für alles geöffnet hat ...

Ihr Atem geht ein und aus, ein und aus, ganz ruhig und gleichmäßig, ganz von allein ... Sie atmet den Himmel ... und kann auch die Kraft atmen, die von ihren Eltern und von anderen Menschen kommt ...

Langsam kannst du nun mit deinen Gedanken in den Raum zurückkehren ... Die Ruhe ist weiter in dir ... und die Zuversicht ... Du spürst vielleicht schon, wie die Zuversicht in dir stärker geworden ist und noch stärker wird ...

Dein Atem kann nun schneller und tiefer werden ... Achte auf die Geräusche im Raum ... Die Ruhe und die Zuversicht sind immer noch da ...

Nun kannst du wieder ganz hier im Raum sein. Wenn du soweit bist, dass sich die Augen öffnen möchten, dann lass das einfach geschehen ... Atme dann einmal tief durch! Reck dich und streck dich ...

Was ich alles kann

(Rückhalt, Vertrauen, Zuversicht, Ermutigung)

Mach es dir ganz bequem ... Während du dich noch räkelst, kannst du bereits beginnen, dich zu entspannen und ruhiger zu werden ... Und deine Augen können beginnen, eine Stelle im Raum vor dir zu suchen, an der sie verweilen möchten ... Und während das geschieht, hören deine Ohren vielleicht Geräusche um dich ... aus dem Raum ... oder von draußen ... oder anderswoher ... Und während du immer noch die Stelle anschaust, kann sie immer gleichgültiger werden ... Und dann kann es gut sein, dass du, irgendwann, die Augen schließen möchtest ... und dass es sich gut anfühlt, die Augen zu schließen, so wie man die Augen schließt, um eine Geschichte zu hören ...

Ich zähle nun langsam von Fünf bis Null. Die Entspannung und Ruhe in dir kann dabei immer tiefer werden, bis du ganz tief entspannt bist ...

Fünf – Du hörst noch die Geräusche um dich ... Um jedes Geräusch herum liegt Stille ... Du spürst vielleicht die Stille um die Geräusche immer stärker werden ...

Vier – Gehe in Gedanken durch deinen Körper und versuche überall, die tiefe Ruhe zu empfinden ... Vielleicht kannst du empfinden, wie die Ruhe immer noch tiefer wird ...

Drei – Achte auf deinen Atem, er geht ein und aus, ein und aus, ganz ruhig und gleichmäßig, ganz von allein ... Du spürst bei jedem Atemzug die Ruhe in dir ...

Zwei – Stelle dir eine Wiese vor ... Vielleicht bewegt ab und zu ein Wind leicht das Gras ...

Eins – Vielleicht kannst du auf der Wiese die Sonne spüren ... Und ab und zu einen Schatten, wenn eine Wolke über die Wiese zieht ...

Null – Stelle dir den Himmel über der Wiese vor. Langsam treiben weiße Wolken durch das Blau ... Vielleicht kannst du immer mehr die Ruhe der weißen Wolken spüren und spüren, wie du selbst immer noch ruhiger wirst ...

Während die Wolken über die Wiese ziehen, ziehen vielleicht auch deine Gedanken ... Sie kommen und verschwinden wieder ... Fortwährend tauchen andere auf und vergehen bald wieder ...

Es ist leicht möglich, das Kommen und Gehen von Gedanken zu beobachten ... Oder von Bildern ... Wenn du an eine Wolke denkst, ist in deinen Gedanken das Bild einer Wolke ... Vielleicht deutlich, vielleicht weniger deutlich ... Wenn du an eine Katze denkst, ist in deinen Gedanken das Bild einer Katze ... So ist es leicht, sich vieles vorzustellen ...

Sicher hast du auch schon einen Arm bewegt ... In deiner Vorstellung oder noch vor Kurzem in der Wirklichkeit ... Und bestimmt hast du auch deine Beine bewegt ... Blumen können das nicht ... aber du kannst es ... Du kannst auch den Kopf bewegen, das hast du schon oft getan ... Und du kannst sprechen ...

Du kannst so viele Wörter sprechen und immer neue Sätze daraus bilden ... Die Gräser der Wiese können das nicht ... Früher konntest auch du das nicht, da gab es die Wörter schon, aber du kanntest sie nicht ... Ganz viele Wörter – und keines davon kanntest du ... Irgendwann hast du einfach begonnen zu sprechen, neugierig ... und ohne daran zu denken, wie viele unbekannte Wörter es gibt und dass du die alle lernen musst ... Du hast einfach begonnen, neugierig, vielleicht staunend ... Und bald kanntest du viele Wörter ... Indem du einfach da warst und geredet hast ... Erst ging es schwer, mit der Zeit ging es besser, jetzt geht es ganz einfach ...

Auch beim Gehenlernen war das so ... Bestimmt fallen dir noch andere Dinge ein, die du gelernt hast ... Fahrradfahren vielleicht ... Oder über die Straße zu gehen ... Oder zu essen und zu trinken ... Oder zu schaukeln ... Alles war einmal schwer und dann ganz leicht und selbstverständlich ... Das ist immer so ...

Wenn etwas leicht gehen soll, muss es erst einmal schwer gehen ... Dann kann man es lernen ...

Wie du dir vieles vorstellen kannst, so kannst du dir auch vorstellen, dass alles, was du schon kannst, in dir ist – das Laufen, das Sprechen, das Fahrradfahren ... und wie es dich stark macht ... Und du kannst dir vielleicht auch vorstellen, wie du etwas Neues lernen willst ... oder etwas tun willst, was du noch nicht getan hast ... obwohl dir vielleicht ein bisschen bange davor ist ... oder du dich einfach bloß davor scheust ... Und alles, was du schon kannst, ist in dir und kann dir Kraft geben ...

Und du kannst dir vorstellen, dass alles, was du schon geschafft hast, sich hinter dir aufstellt und dich stärker macht ... Und da sind vielleicht auch Menschen dabei, deine Eltern oder andere Menschen, die du kennst und die jetzt hinter dir stehen, die dich stärker machen ...

Vielleicht willst du dir einfach immer mal wieder vorstellen, wieviel du kannst und was du alles geschafft hast ... Und wie alles in dir ist und hinter dir steht und dir Kraft gibt ... so dass es leichter ist, einen Schritt in das Neue zu machen ... leicht, wie etwas, das Freude machen kann ... etwas, das Freude machen wird ... Das leicht ist wie die ziehenden Wolken, das leicht ist wie die Sonne ...

Langsam kannst du nun in die Ruhe des Raums zurückkehren ... Ich zähle jetzt von Eins bis Drei und mit jedem Mal kommst du ein Stück weiter zurück ...

Eins – Du kannst noch der Ruhe in dir nachspüren ... du spürst in dir auch die Kraft und die Leichtigkeit, wie sie wachsen ...

Zwei – Du spürst die Kraft und die Leichtigkeit und das Vertrauen in dir immer stärker werden ... Dein Atem kann nun schneller und tiefer werden ... Achte auf die Geräusche im Raum ... Die Ruhe und das Vertrauen sind immer noch da ...

Drei – Du bist nun wieder ganz hier. Wenn du soweit bist, dass sich die Augen öffnen möchten, dann lass das einfach geschehen ... Atme dann einmal tief durch! Reck dich und streck dich ...

Neugier

(Rückhalt, Zuversicht, Neugier)

Mach es dir ganz bequem ... Während du dich noch räkelst, kannst du schon beginnen, dich zu entspannen und ruhiger zu werden ... Und deine Augen können beginnen, eine Stelle im Raum vor dir zu suchen, an der sie verweilen möchten ... Und während das geschieht, hören deine Ohren vielleicht Geräusche um dich ... aus dem Raum ... oder von draußen ... Und während du immer noch die Stelle anschaust, kann sie irgendwann gleichgültiger werden ... Und dann kann es gut sein, dass du die Augen schließen möchtest ... und dass es sich gut anfühlt, die Augen zu schließen, so wie man die Augen schließt, um eine Geschichte zu hören ...

Vielleicht kannst du dir vorstellen, in einer Hängematte zu liegen ... ganz gemütlich ... Die Hängematte schaukelt ganz leicht, fast unmerklich, angenehm ... Stell dir vor, wie das Schaukeln der Hängematte ein wenig stärker wird, angenehm ... Vielleicht schaukelt die Hängematte im Rhythmus deines Atems hin und her ...

Vielleicht kannst du die Ruhe der Hängematte spüren. Und die Ruhe in dir ... Wie sie immer noch ruhiger wird ... Wie sie in dir wächst, überall ... Mit jedem Hin und Her kann die Ruhe in dir wachsen ... Mit jedem Hin und Her kannst du noch tiefer in die Ruhe gleiten ...

Rund um dich liegt die ganze Welt ... In jede Richtung geht sie bis zum Horizont – und noch weiter ... Hier und da hörst du vielleicht Geräusche aus der Welt ... Bei jedem Geräusch, das du hörst, kannst du dich fragen, was das denn ist ... Ob das nun Vogelstimmen sind, Autos, Hämmern, Türenschlagen, Schritte, Flugzeuge oder ganz anderes ... bei allem ist es möglich zu fragen, woher das Geräusch stammt ... und was es verursacht hat ... Es ist möglich, sich etwas zum Geräusch vorzustellen, zu einem Auto etwa, wie es auf der Straße fährt, um die Kurven, immer weiter, auch wenn es schon nicht mehr zu hören ist ...

Es ist auch möglich, sich etwas vorzustellen, das gar kein Geräusch macht, jedenfalls keines, das wir hören können ... einen Schmetterling vielleicht, der auf einer Blume gesessen hat und nun weiterfliegt ...

Er wirbelt um sich selbst herum, als wollte er sich erst eine Richtung aussuchen ... Aber jede Richtung ist gut, für einen Schmetterling ... Er fliegt frei in die weite Welt hinein ... irgendwohin ... voller Zuversicht ... an Blumen vorbei ... setzt sich auf die blaue Blume ... fliegt wieder auf, an einer roten vorbei ... flattert zwischen den Bäumen ... überall ist er zu Hause ...

Manche Orte gefallen ihm bestimmt gut, andere weniger gut ... aber überall kann er hin, in die ganze Weite der Welt ... Und das macht er auch ... der kleine Schmetterling ... voller Vertrauen und Zuversicht ... was er finden wird ...

Auf der Wiese an seinem Weg rastet eine Familie. Eine Decke ist ausgebreitet, sie essen und trinken ... Der Schmetterling fliegt über sie weg ...

Paul und Gesine haben Ball gespielt, nun setzen sie sich atemlos auf die Decke ... Als Paul getrunken hat und sein Atem ruhiger wird, schaut er sich um ... und sieht den Schmetterling vorbeiflattern ... Paul steht auf ...

„Komm, wir verfolgen den Schmetterling!", sagt er zu seiner Schwester. Die trinkt noch. Dann steht sie auf und kommt mit ... Als der Schmetterling auf einer Blume rastet, bleiben auch die Kinder stehen ... Als er weiterfliegt, folgen sie ihm ... „Solange wir den Weg zur Decke sehen", sagt Gesine ...

Der Schmetterling ist am Wiesenrand zwischen Bäumen verschwunden ... Paul und Gesine schauen, was es um sie herum gibt ... Die ganze Welt liegt um sie herum ... Solange sie den Weg zur Decke sehen, spüren sie in sich die Kraft und die Zuversicht ... Sie probieren, wie weit diese Zuversicht und die Neugier reichen, an welcher Stelle es sie zurückzieht zur Decke ...

Zusammen gehen sie noch ein Stück weiter ... Und kehren dann um, zu den Eltern zurück, wo alles leicht ist ... Wieder an der Decke angekommen, trinken sie und reden ... Dann gehen sie in die andere Richtung, voller Neugier ... Ein Schmetterling tanzt an ihnen vorbei ...

Sie gehen so weit, bis sie wieder dieses Gefühl in sich spüren, das sie zurückbringen möchte ... Sie achten auf die Neugier und Zuversicht in sich ... und auf das Gefühl, das sie zurückbringen möchte ... Sie gehen noch ein paar Schritte weiter ... Und dann gehen sie wieder zurück, zur Decke, zu den Eltern, wo das Gefühl ganz leicht ist ...

„Wenn ich weiß, wo die Decke ist und der Weg, dann ist die Welt ganz weit", sagt Gesine. „Wir können zu den Bäumen gehen", sagt Paul ... Ein Schmetterling fliegt an ihnen vorbei ...

Stell dir wieder die Hängematte vor, wie am Anfang, ihr leichtes Schaukeln ... Mit jedem Schaukeln kannst du spüren, wie die Sicherheit und die Zuversicht in dir stärker werden ... und wie du immer mehr in den Raum zurückkommst ... Die Ruhe und die Zuversicht sind immer noch da ... Du spürst vielleicht, wie die Sicherheit in dir stärker wird. Dein Atem kann nun schneller und tiefer werden ... Du kannst Zuversicht mit ihm sammeln und dich vorbereiten, gleich wieder ganz klar und wach zu sein ... Achte auf die Geräusche im Raum ... Die Sicherheit und die Freude sind immer noch da ...

Nun kannst du wieder ganz hier im Raum sein. Wenn du soweit bist, dass sich die Augen öffnen möchten, dann lass das einfach geschehen ... Atme dann einmal tief durch! Reck dich und streck dich ...

Selbstbeherrschung

Unbeherrschtes oder aggressives Verhalten ist für viele Kinder (und ihre Erzieher) ein großes Problem. Im Vordergrund steht offensichtlich das Verhalten. Die Frage nach *Auslösern* dieses Verhaltens ist sinnvoll, aber nicht immer hilfreich. Mit manchen anderen Kindern mag tatsächlich schwer auszukommen sein, außerdem sollte man sich doch wehren können, wenn man selbst angegriffen wird. Gerade aggressive Kinder fühlen sich allerdings sehr leicht und von allem angegriffen, was ihnen widerfährt. Und das zeigt, dass dem aggressiven oder unbeherrschten Verhalten zugrundeliegende Einstellungen, Gefühle und Verhaltensautomatismen wichtiger sind, als der jeweils konkrete Auslöser des Verhaltens.

Die Veränderung solcher zugrundeliegenden Strukturen ist nicht einfach, aber es ist wichtig, damit zu beginnen. Die Trance-Geschichten dieses Buchs können einiges dazu beitragen. Sie können Kinder dazu bringen, sich mit dem Problem in einer nicht vorwurfsvollen Weise zu beschäftigen. Die Kinder Alexander und Emma sowie die Schildkröte Malu bieten dazu Identifikationsmöglichkeiten und zeigen, wo Probleme und wo Verbesserungsmöglichkeiten der Bewältigung liegen.

Die Geschichten beschäftigen sich mit der Wahrnehmung des anderen Menschen und der eigenen Gefühle, die bei impulsiven oder aggressiven Kindern oft eingeschränkt oder einseitig ausgerichtet ist. Sie zeigen, wie die eigenen Gefühle verändert werden können, welche mentalen Hilfen es gibt und was für Verhaltensalternativen etwa bei Streitigkeiten empfohlen werden.

Die Verhaltensebene ist entscheidend. Verhaltensalternativen sollten mit aggressiven Kindern besprochen und auch in Rollenspielen und konkreten Situationen eingeübt werden. Aber das günstigere Verhalten kann durch Trance-Geschichten vorbereitet werden. Kinder lassen sich mit solchen Geschichten für Probleme und Lösungsmöglichkeiten sensibilisieren und vorbereiten.

Die Trance-Geschichten führen zuerst in eine tiefe Entspannung. Dann erfolgt eine Auseinandersetzung mit einzelnen Aspekten von Unbeherrschtheit und Aggressivität sowie deren Bewältigung. In den Trance-Geschichten werden die Gedanken des Kindes mit psychologisch fundierten Formulierungen geleitet und in eine Bereitschaft zu offenerer Wahrnehmung und günstigerer Konfliktbewältigung versetzt. Am Ende jeder Geschichte kommt das Kind wieder aus der Trance zurück.

Malu kann spüren

(Selbstwahrnehmung)

Mach es dir ganz bequem ... Während du dich noch räkelst, kannst du schon beginnen, dich zu entspannen ... Und deine Augen können beginnen, eine Stelle im Raum vor dir zu suchen, an der sie verweilen möchten ... Und während das geschieht, hören deine Ohren vielleicht Geräusche um dich ... aus dem Raum ... oder von draußen ... oder anderswoher ... Und während du immer noch die Stelle anschaust, kann sie immer gleichgültiger werden ... Und dann kann es gut sein, dass du, irgendwann, die Augen schließen möchtest und dass es sich gut anfühlt, die Augen zu schließen, so wie man die Augen schließt, um eine Geschichte zu hören ...

Ich zähle nun langsam von Fünf bis Null. Die Ruhe in dir kann dabei immer tiefer werden, bis du angenehm ruhig bist ...

Fünf – Du hörst noch die Geräusche um dich ... Jedes Geräusch geschieht in der Stille ... Du spürst die Ruhe um die Geräusche immer stärker werden und alle Geräusche umfangen ...

Vier – Geh in Gedanken durch deinen Körper und versuche überall, die Ruhe zu empfinden ... Vielleicht kannst du schon spüren, wie die Ruhe immer noch tiefer wird ...

Drei – Achte auf deinen Atem, er geht ein und aus, ein und aus, ganz ruhig und gleichmäßig, ganz von allein ... Du spürst bei jedem Atemzug die Ruhe in dir ...

Zwei – Stell dir einen Meeresstrand vor ... Mit jedem Atemzug, der geschieht, rauscht eine Welle sanft an den Strand ... Stell dir vor, wie du mit jeder Welle ruhiger wirst, wie du immer tiefer in die Ruhe kommst ...

Eins – Stell dir eine Schildkröte vor, die aus dem Meer an Land steigt. Sie kriecht ruhig und langsam den Strand hinauf zu den Palmen ... Ihr Kopf schaut unter dem starken Panzer vor, er dreht sich gemächlich hierhin und dahin. Dann lässt sie sich unter einer Palme nieder und schaut hinaus auf das Meer ...

Null – Stell dir den Himmel über den Palmen vor ... Langsam treiben weiße Wolken durch das Blau ... Stell dir die Ruhe der weißen Wolken vor und spüre, wie du selbst immer noch ruhiger wirst ...

Die Schildkröte Malu schaut hinaus auf das Meer ... Sie spürt die Wellen des Meeres auch in sich, das ist ihr Atem ... Das Meer geht hin und her, hin und her ... Ihr Atem geht ein und aus, ein und aus, ganz ruhig und gleichmäßig, ganz von allein ...

Der Panzer der Schildkröte ist hart – aber unter dem Panzer kann sie sehr weich und fein sein ... Sie kann alles genau wahrnehmen, was um sie herum geschieht ...

Vom Baum fällt eine Kokosnuss und schlägt schwer auf die Erde. Malu zieht erschreckt den Kopf halb ein und lauscht ... Die Schildkröte spürt ganz genau, was um sie herum vorgeht ... Da ist in der Ferne das Meer ... Unter den Palmen ist Schweigen ... Malu spürt in sich dem Schreck nach ... Sie spürt, wie durch den Schreck ihr ganzer Körper wach und stark und bereit wurde ... „Erst spüren, dann denken, dann tun", sagt sich die Schildkröte. Sie spürt ihren Schrecken, sie denkt, dass die Kokosnuss harmlos ist, sie beruhigt sich wieder und achtet auf ihren Atem ... Sie achtet auf ihren Atem und lässt die Ruhe in sich noch tiefer werden ...

Eine Affenschar turnt in den Palmen heran. Die Äffchen kreischen laut. Die Schildkröte hört genau, wo über ihr im Palmenwipfel die Äffchen sind ... Die Äffchen sind sehr laut. Sie reißen an den Kokosnüssen. Eine Kokosnuss wird losgerissen und fällt schwer in den Sand neben Malu. Was für ein Schreck! Die Schildkröte lauscht in sich hinein. Sie spürt ihren Ärger über die Äffchen ... Wie leicht hätte die schwere Nuss auf sie fallen können! „Erst spüren, dann denken, dann tun!", das ist der Spruch. Malu spürt den Ärger in sich. Sie weiß, dass die Äffchen frech, aber harmlos sind. Sie achtet auf ihren Atem und lässt den Ärger weniger werden ... Die Ruhe in ihr wird wieder groß ...

Ein Äffchen ist den Stamm hinuntergeklettert. Erst zerrt es an der Kokosnuss. Doch die ist viel zu schwer. Dann hat es die Schildkröte entdeckt ... Das Äffchen turnt zur Schildkröte ... „Erst spüren, dann denken, dann tun!", lautet der Schildkröten-Spruch. Malu spürt die Angst in sich aufsteigen. Sie denkt, dass das Äffchen sie ärgern will. Sie zieht den Kopf und die Gliedmaßen in ihren Panzer zurück ... Das Äffchen springt um die Schildkröte herum und schreit ... Aber Malu kümmert das nicht ... Sie achtet auf ihren Atem und lässt die Ruhe in sich groß werden ... So wartet sie einfach, bis dem Äffchen langweilig geworden ist und es davonspringt ...

Malu streckt wieder den Kopf aus dem Panzer und freut sich an der warmen Sonne ... Hier ist ein besonders guter Platz! ... Da kommt eine andere Schildkröte heran. Sie schauen sich an. Die andere Schildkröte ist genausogroß oder sogar ein bisschen größer. Sie möchte den schönen Sonnenplatz von Malu haben und bewegt sich drohend auf sie zu. „Erst spüren, dann denken, dann tun!", lautet der Schildkröten-Spruch. Malu spürt die Wut in sich hochsteigen. Sie spürt, wie ihre Muskeln hart werden und sie bereit für einen Kampf wird ...

Dann denkt sie, dass es hier überall schöne Sonnenplätze gibt. Und dass sie gerne von ihnen beiden die Schildkröte sein will, die sich am wenigsten ärgert. Kämpfen kann sie zwar auch, aber das ist nicht so wichtig, das macht sie nur, wenn es gar nicht anders geht. „Geht es hier gar nicht anders?", fragt sie sich. „Oder kann ich auch einfach fortgehen und zeigen, wie gut ich mich im Griff habe?", fragt sie sich – und entscheidet sofort „Ja, das kann ich!" ... Und so kriecht sie einfach ein Stück weiter ...

Schon hat sie einen anderen Sonnenplatz gefunden und macht es sich dort wieder gemütlich ... „Das habe ich gut gemacht!", sagt Malu tief in sich hinein. Sie freut sich. Sie spürt, wie die Aufregung in ihr weniger wird und lässt sie noch weniger werden ... Sie achtet auf ihren Atem und lässt die Ruhe in sich groß werden ... Malu lauscht dem fernen Donnern der Brandung und fühlt sich gut ...

Langsam kehrst du nun zurück vom Palmenstrand und der Schildkröte Malu in die Ruhe des Raums ... Ich zähle nun von Eins bis Drei, und mit jedem Zählen kommst du ein Stück weiter zurück ...

Eins – Du kannst noch der Ruhe in dir nachspüren ... Du spürst in dir vielleicht auch die Stärke ...

Zwei – Dein Atem kann nun schneller und tiefer werden ... Achte auf die Geräusche im Raum ... Die Ruhe und die Stärke sind immer noch da ...

Drei – Du bist nun wieder ganz hier. Wenn du soweit bist, dass sich die Augen öffnen möchten, dann lass das einfach geschehen ... Atme dann einmal tief durch! Reck dich und streck dich ...

Alexander spürt seinen Ärger

(Selbstwahrnehmung)

Mach es dir ganz bequem ... Während du dich noch räkelst, kannst du schon beginnen, dich zu entspannen ... Und deine Augen können beginnen, eine Stelle im Raum vor dir zu suchen, an der sie verweilen möchten ... Und während du diese Stelle ansiehst, kann sie zu verschwimmen beginnen ... Und während das geschieht, hören deine Ohren vielleicht Geräusche um dich ... aus dem Raum ... oder von draußen ... oder anderswoher ... Und während du immer noch die Stelle anschaust, kann sie immer gleichgültiger werden ... Und dann kann es gut sein, dass du, irgendwann, die Augen schließen möchtest und dass es sich gut anfühlt, die Augen zu schließen, so wie man die Augen schließt, um eine Geschichte zu hören ...

Ich zähle nun langsam von Fünf bis Null. Die Ruhe in dir kann dabei immer tiefer werden, bis du angenehm ruhig bist ...

Fünf – Du hörst noch die Geräusche um dich ... Jedes Geräusch geschieht in der Stille ... Du spürst die Ruhe um die Geräusche immer stärker werden und alle Geräusche umfangen ...

Vier – Geh in Gedanken durch deinen Körper und versuche überall, die

Ruhe zu empfinden ... Vielleicht kannst du schon spüren, wie die Ruhe immer noch tiefer wird ...

Drei – Achte auf deinen Atem ... Er geht ein und aus, ein und aus, ganz ruhig und gleichmäßig, ganz von allein ... Du spürst bei jedem Atemzug die Ruhe in dir ...

Zwei – Stell dir einen Meeresstrand vor ... Mit jedem Atemzug, der geschieht, rauscht eine Welle sanft an den Strand ... Stell dir vor, wie du mit jeder Welle ruhiger wirst ... wie du immer tiefer in die Ruhe kommst ...

Eins – Stell dir die Schildkröte Malu vor, die aus dem Meer an Land steigt. Sie kriecht ruhig und langsam den Strand hinauf ... zu den Palmen ... Ihr Kopf schaut unter dem starken Panzer vor, er dreht sich gemächlich hierhin und dahin ... Dann lässt sie sich unter einer Palme nieder und schaut hinaus auf das Meer ...

Null – Stell dir den Himmel über den Palmen vor ... Langsam treiben weiße Wolken durch das Blau ... Stell dir die Ruhe der weißen Wolken vor und spüre in dich hinein, wie du selbst immer noch ruhiger wirst ...

Die Schildkröte Malu schaut hinaus auf das Meer ... Sie spürt die Wellen des Meeres auch in sich, das ist ihr Atem ... Das Meer geht hin und her, hin und her ... Ihr Atem geht ein und aus, ein und aus, ganz ruhig und gleichmäßig, ganz von allein ...

Alexander ist aus dem Haus gerannt. Er lässt sich neben der Schildkröte nieder ... Er kennt sie gut, sie hat ihn schon viele Dinge gelehrt ...

Alexander schließt seine Augen und lauscht in sich hinein ... Er spürt, wie schnell sein Atem geht ... Er spürt sein Herz bis zum Hals pochen ... Er spürt, wie wütend er ist ... Er fühlt sich, als könnte er weinen oder zuschlagen ... Denn Emma hat ihn immer wieder geärgert, sie war so böse zu ihm! ...

Alexander schaut in die Ruhe von Malus Augen ... Malu hätte sich nicht von Emma ärgern lassen ... Sie hätte gespürt, wenn sie sich zu ärgern beginnt ... Und dann hätte sie sich einfach in ihren Panzer zurückgezogen und hätte gewartet ... Oder sie hätte Emma ihr Hinterteil gezeigt und wäre stolz davongekrochen ...

Alexander überlegt, was er selbst hätte anders machen können ... Er hat gespürt, dass er sich ärgert und gleich zuschlagen will: Das Spüren war gut! ... Aber dann? ... Wenn er spürt, dass er wütend ist, dann muss er vorsichtig werden ... Um vorsichtig zu werden, muss er erst einmal genau spüren ...

Und dann, wenn er genau gespürt hat, dass er wütend wird? ... Dann hätte er sich einfach umdrehen und gehen können ... Wenn er das schon bald getan hätte, wäre der Ärger nicht größer geworden ... Oder er hätte etwas machen können, damit Emma aufhört, ihn zu ärgern ... Wenn er sie geschlagen hätte, so überlegt Alexander, wäre es nur noch schlimmer geworden ... Schlagen geht nur, wenn der andere zuerst schlägt ... Sonst macht Schlagen alles Schlechte noch größer. Es soll aber kleiner werden ...

Er hätte etwas machen können, das sie zum Lachen bringt ... Er hätte selbst einfach lachen können ... Er hätte ihr vielleicht sagen können, dass sie zusammen etwas spielen können, das sie mag ... Er hätte zu jemand anderes gehen und mit dem spielen können ... Er hätte noch vieles mehr tun können, immer mehr fällt ihm jetzt ein ...

Alexander schaut in die ruhigen Augen von Malu und überlegt: „Erst *spüren*, dann *denken*, dann *tun*!", sagt er den Schildkröten-Spruch.

Alexander nimmt sich vor, immer erst zu spüren ... Und wenn er spürt, dass er sich zu ärgern beginnt ... dann zu denken, was er jetzt am besten tut ... Und was dann tun? ... Als erstes: Ruhiger werden ... Als zweites: Das Gesicht lachen lassen ... Als drittes: Etwas sagen oder tun, das den anderen auch ruhiger werden lässt ...

Alexander weiß, was ihn ruhiger werden lässt ... Er achtet auf seinen Atem ... Er spürt, wie sein Atem in ihn hineinströmt und wieder heraus, ein und aus, ganz ruhig und gleichmäßig, ganz von allein ... Alexander spürt bei jedem Atemzug die Ruhe tief in sich wachsen ...

Und Alexander nimmt sich vor, auszuprobieren, was andere Kinder ruhiger macht, wenn sie sich ärgern oder böse sind ... Vielleicht ist das bei allen gleich ... Vielleicht ist es bei jedem verschieden ...

Malu liegt immer noch im Sand und schaut hinaus auf das Meer ... Sie lauscht dem Klang der Wellen ... Langsam rollen Wellen den Strand hinauf ... Die Sonne scheint warm ... Malu spürt Ruhe ... und Schwere ... und Wärme in sich ... Sie fühlt sich gut ... Sie spürt, wie auch Alexander neben ihr sich immer besser zu fühlen beginnt ...

Langsam kehrst du nun zurück vom Palmenstrand, von Alexander und Malu, in die Ruhe des Raums ... Ich zähle nun von Eins bis Drei, und mit jedem Zählen kommst du ein Stück weiter zurück ...

Eins – Du kannst noch der Ruhe in dir nachspüren ... Du spürst in dir vielleicht auch die Stärke ...

Zwei – Dein Atem kann nun schneller und tiefer werden ... Achte auf die Geräusche im Raum ... Die Ruhe und die Stärke sind immer noch da ...

Drei – Du bist nun wieder ganz hier. Wenn du soweit bist, dass sich die Augen öffnen möchten, dann lass das einfach geschehen ... Atme dann einmal tief durch! Reck dich und streck dich ...

Malu beobachtet einen Streit

(Handlungsalternativen im Streit)

Mach es dir ganz bequem ... Während du dich noch räkelst, kannst du schon beginnen, dich zu entspannen ... Und deine Augen können beginnen, eine Stelle im Raum vor dir zu suchen, an der sie verweilen möchten ... Und währenddessen hören deine Ohren vielleicht Geräusche um dich ... aus dem Raum ... oder von draußen ... oder anderswoher ... Und während du immer noch die Stelle anschaust, kann sie immer gleichgültiger werden ... Und dann kann es gut sein, dass du, irgendwann, die Augen schließen möchtest und dass es sich gut anfühlt, die Augen zu schließen, so wie man die Augen schließt, um eine Geschichte zu hören ...

Ich zähle nun langsam von Fünf bis Null. Die Ruhe in dir kann dabei immer tiefer werden, bis du angenehm ruhig bist ...

Fünf – Du hörst noch die Geräusche um dich ... Jedes Geräusch geschieht in der Stille ... Du spürst die Ruhe um die Geräusche immer stärker werden und alle Geräusche umfangen ...

Vier – Geh in Gedanken durch deinen Körper und versuche überall, die Ruhe zu empfinden ... Vielleicht kannst du schon spüren, wie die Ruhe immer noch tiefer wird ...

Drei – Achte auf deinen Atem, er geht ein und aus, ein und aus, ganz ruhig und gleichmäßig, ganz von allein ... Du spürst bei jedem Atemzug die Ruhe in dir ...

Zwei – Stell dir einen Meeresstrand vor ... Mit jedem Atemzug, der geschieht, rauscht eine Welle sanft an den Strand ... Stell dir vor, wie du mit jeder Welle ruhiger wirst, wie du immer tiefer in die Ruhe kommst ...

Eins – Stell dir die Schildkröte Malu vor, die am Palmenstrand durch den Sand kriecht ... Ihr Kopf schaut unter dem starken Panzer vor, er dreht sich gemächlich hierhin und dahin ... Dann lässt sie sich unter einer Palme nieder und schaut hinaus auf das Meer ...

Null – Stell dir den Himmel über den Palmen vor ... Langsam treiben weiße Wolken durch das Blau ... Stell dir die Ruhe der weißen Wolken vor und spüre, wie du selbst immer noch ruhiger wirst ...

Malu sieht von ihrem Platz unter den Palmen wie die Kinder sich streiten ... Sie mag Alexander und Emma sehr, aber die Kinder sehen im Streit so hässlich und traurig aus ... Malu sinnt nach, was sie den beiden raten kann, wenn sie wütend sind ...

Sie könnten immer erst einen ruhigen Atemzug machen, bevor sie im Streit etwas sagen ...

Sie könnten zu lächeln versuchen ...

Sie könnten auf ihre eigene Stimme achten und die Stimme langsamer werden lassen und leiser – aber deutlich und klar, um zu zeigen, dass sie keine Angst haben ...

Sie könnten sich vorstellen, ein Mensch von einem anderen Stern zu sein, der die anderen beobachtet, der den Streit beobachtet und sich merkt, wie Menschenkinder streiten ...

Sie könnten sich vorstellen, dass ihre Ohren ganz groß werden, dass sie alles verstehen, was der andere sagt ... dass sie auch verstehen, *wie* der andere es sagt, dass sie jede Betonung erkennen ...

Sie könnten sich vorstellen, dass ihre Nase ganz fein wird und alles genau riechen kann, was es zu riechen gibt ...

Sie könnten sich überlegen, dass ein Streit auch schön sein kann, wenn er lustig geführt wird ...

Sie könnten mit sich wetten, ob es ihnen irgendwie gelingt, den anderen lachen zu machen ...

Sie könnten sich Sätze überlegen, die sie dem anderen sagen, ganz ruhig sagen, ohne dem anderen wehezutun oder zu kränken. Zum Beispiel:

„Ich habe gerade keine Lust zu streiten, ich gehe lieber in den Garten" ... Oder:

„Wir können ja probieren, wer am lautesten lachen kann" ... Oder:

„Wenn du das Buch (oder was auch immer) bekommst, will ich etwas anderes dafür" ... Oder:

„Wer laut streitet, wird hässlich" ... Oder:

„Streiten macht auch nur eine Weile Spaß" – und sie könnten dann gehen ...

Malu sieht hinüber zu den Kindern, die noch lauter geworden sind ... Jetzt dreht sich eines um und geht ...

Malu wendet den Kopf und schaut auf die Wellen des Meeres ... Die Wellen laufen den Strand hinauf und spülen wieder zurück, Welle um Welle ... Hinter all der Unruhe ist die große Ruhe des Meeres ... Aus dieser großen Ruhe kommen die unruhigen Wellen ... Malu spürt die große Ruhe des Meeres in sich und lässt sie noch größer werden ...

Langsam kehrst du nun zurück vom Palmenstrand, von Malu, in die Ruhe des Raums ... Ich zähle nun von Eins bis Drei, und mit jedem Zählen kommst du ein Stück weiter zurück ...

Eins – Du kannst noch der Ruhe in dir nachspüren ... Du spürst in dir vielleicht auch die Stärke ...

Zwei – Dein Atem kann nun schneller und tiefer werden ... Achte auf die Geräusche im Raum ... Die Ruhe und die Stärke sind immer noch da ...

Drei – Du bist nun wieder ganz hier. Wenn du soweit bist, dass sich die Augen öffnen möchten, dann lass das einfach geschehen ... Atme dann einmal tief durch! Reck dich und streck dich ...

Nach dem Streit

(Eskalationen – und die Macht, sie abzubrechen)

Mach es dir ganz bequem ... Während du dich noch räkelst, kannst du schon beginnen, dich zu entspannen ... Und deine Augen können beginnen, eine Stelle im Raum vor dir zu suchen, an der sie verweilen möchten ... Und währenddessen hören deine Ohren vielleicht Geräusche um dich ... aus dem Raum ... oder von draußen ... oder anderswoher ... Und während du immer noch die Stelle anschaust, kann sie immer gleichgültiger werden ... Und dann kann es gut sein, dass du, irgendwann, die Augen schließen möchtest und dass es sich gut anfühlt, die Augen zu schließen, so wie man die Augen schließt, um eine Geschichte zu hören ...

Ich zähle nun langsam von Fünf bis Null. Die Ruhe in dir kann dabei immer tiefer werden, bis du angenehm ruhig bist ...

Fünf – Du hörst noch die Geräusche um dich ... Jedes Geräusch geschieht in der Stille ... Du spürst die Ruhe um die Geräusche immer stärker werden und alle Geräusche umfangen ...

Vier – Geh in Gedanken durch deinen Körper und versuche überall, die Ruhe zu empfinden ... Vielleicht kannst du schon spüren, wie die Ruhe immer noch tiefer wird ...

Drei – Achte auf deinen Atem, er geht ein und aus, ein und aus, ganz ruhig und gleichmäßig, ganz von allein ... Du spürst bei jedem Atemzug die Ruhe in dir ...

Zwei – Stell dir einen Meeresstrand vor ... Mit jedem Atemzug, der geschieht, rauscht eine Welle sanft an den Strand ... Stell dir vor, wie du mit jeder Welle ruhiger wirst ... wie du immer tiefer in die Ruhe kommst ...

Eins – Stell dir die Schildkröte Malu vor, die am Palmenstrand durch den Sand kriecht ... Ihr Kopf schaut unter dem starken Panzer vor, er dreht sich gemächlich hierhin und dahin ... Dann lässt sie sich unter einer Palme nieder und schaut hinaus auf das Meer ...

Null – Stell dir den Himmel über den Palmen vor ... Langsam treiben weiße Wolken durch das Blau ... Stell dir die Ruhe der weißen Wolken vor und spüre, wie du selbst immer noch ruhiger wirst ...

Emma hat sich mit Alexander gestritten. „Alexander ist schuld!", sagt sie wütend zu ihrer Mutter. Der ist das anscheinend egal: „Dass ihr auch immer streiten müsst!", sagt sie und schüttelt den Kopf. „Spielt doch lieber zusammen etwas Schönes!" ...

Emma grollt ... Es ist doch wichtig, wer Schuld hat! Sie muss sich doch wehren! ... Wenn Alexander anfängt, hat *er* Schuld. Und *sie* wehrt sich dann nur ...

„Alexander behauptet, dass du angefangen hast", sagt die Mutter.

„Das stimmt doch überhaupt nicht, *er* war es!" Nun ist Emma empört. „Glaubst du ihm vielleicht?", fragt sie dann ...

„Nein", die Mutter schüttelt den Kopf. „Aber *er* glaubt das ... Vielleicht war es so, dass du etwas gesagt oder getan hast, das er nicht mochte. Vielleicht hast du es ja gesagt, ohne zu wissen, dass es ihm weh tut, ganz ohne es zu wollen. Und weil er dachte, er müsse sich wehren, hat er ein bisschen angefangen ... Und das hat dir nicht gefallen ... Und du hast dann auch ein bisschen angefangen ... Und daraufhin ist er lauter geworden ... Und daraufhin bist du lauter geworden ... Und daraufhin hat er dich geschubst ... Und daraufhin hast du ihn geschubst ... Und daraufhin hat er dich geboxt ... Und daraufhin hast du ihn geboxt ... Und daraufhin hat er dich an den Haaren gezogen ... Und daraufhin hast du ihn an den Haaren gezogen ..."

„Also hat er angefangen", sagt Emma zufrieden ...

„Vielleicht ist es aber nicht ganz so wichtig, wer angefangen hat, sondern wie es weitergegangen ist", sagt die Mutter ... „Wenn du ganz am Anfang etwas Nettes zu ihm gesagt hättest, wäre der Streit nicht entstanden, auch wenn Alexander angefangen hat ... Wenn du später, als Alexander lauter geworden ist, leiser geworden wärst, wäre der Streit nicht entstanden, auch wenn er angefangen hat ... Wenn du später, als Alexander dich geschubst hat, gelacht hättest oder gesagt hättest ‚Komm, lass uns etwas anderes spielen', wäre der Streit nicht entstanden, auch wenn er angefangen hat." ...

„Also bin ich schuld!", sagt Emma beleidigt.

„Nein", sagt die Mutter, „du bist nicht schuld. Aber du bist mächtig. Du hättest den Streit bestimmt verhindern können, wenn du daran gedacht hättest, dass du das kannst." ...

Emma schweigt.

„Du weißt vielleicht gar nicht, wie mächtig du bist", sagt die Mutter. „Du kannst Dinge tun, damit ein Streit nicht entsteht oder nicht weitergeht." ...

Emma schaut hinüber zum Strand, wo eine Schildkröte im Sand liegt. Das ist Malu. Nachher will sie zu ihr hinübergehen und fragen, was sie dazu meint ...

Malu hat gesehen, wie sich Emma und ihre Mutter unterhalten. Nun wendet sie den Kopf und schaut auf die Wellen des Meeres ... Die Wellen laufen den Strand hinauf und spülen wieder zurück, Welle um Welle ... Hinter all der Unruhe ist die große Ruhe des Meeres ... Aus dieser großen Ruhe kommen die unruhigen Wellen ... Malu spürt die große Ruhe des Meeres in sich und lässt sie noch größer werden ...

Langsam kehrst du nun zurück vom Palmenstrand, von Emma und Malu, in die Ruhe des Raums ... Ich zähle nun von Eins bis Drei, und mit jedem

Zählen kommst du ein Stück weiter zurück ...

Eins – Du kannst noch der Ruhe in dir nachspüren ... Du spürst in dir vielleicht auch die Stärke ...

Zwei – Dein Atem kann nun schneller und tiefer werden ... Achte auf die Geräusche im Raum ... Die Ruhe und die Stärke sind immer noch da ...

Drei – Du bist nun wieder ganz hier. Wenn du soweit bist, dass sich die Augen öffnen möchten, dann lass das einfach geschehen ... Atme dann einmal tief durch! Reck dich und streck dich ...

Wut verwandeln

(Veränderung ist möglich)

Mach es dir ganz bequem ... Während du dich noch räkelst, kannst du schon beginnen, ruhiger zu werden ... Und während du in dich hineinspürst, ist es möglich, dass dein Körper immer mehr zur Ruhe kommt ... So wie auch die Geräusche im Raum und von außerhalb immer da sind, aber langsam zur Ruhe kommen können, so wie sie immerfort neu entstehen und vergehen ... Und das Entstehen und Vergehen kann immer mehr in einer Ruhe geschehen, die vielleicht auch schon in dir immer größer wird ...

Du kannst auch deine Augen spüren ... Und deine Augen können sich eine Stelle im Raum suchen und dort zu ruhen beginnen ... Und die Stelle kann nach einiger Zeit leicht zu verschwimmen beginnen ... So kann es sein, dass du bald ausprobieren möchtest, ob es nicht angenehmer ist, die Augen zu schließen ... Während die Geräusche um dich immer gleichgültiger werden und bald ganz gleichgültig sind ...

Du kannst auch deinen Atem spüren. Er geht, ein und aus, ein und aus, ganz ruhig und gleichmäßig, ganz von allein ... Die Luft strömt in dich hinein und erfrischt dich ... Und wenn du sie loslässt, strömt sie wieder aus dir heraus, ganz von selbst ...

Und du kannst versuchen, ob du die Luft deines Atems verändern kannst ... ob du sie ein klein wenig langsamer strömen lassen kannst, nur ein klein wenig langsamer ... obwohl sie von alleine strömt ... kannst du sie verändern ... ein klein wenig langsamer machen ...

Und du kannst versuchen, ob du die Luft deines Atems ein klein wenig schneller machen kannst, wenn du es willst ... nur ein klein wenig schneller, die Luft deines Atems, die von ganz alleine strömt ... ein klein wenig kannst du machen, dass sie schneller strömt, nur ein klein wenig schneller ...

Etwas ein klein wenig zu verändern, kann manchmal schwieriger sein, als es sehr stark zu verändern ... Aber wenn der Atem schnell strömen kann, dann kann er auch langsamer strömen, du kannst es versuchen, ein klein wenig langsamer ... Und wenn jemand es schafft, etwas zu verändern, so wie er will, obwohl das ganz alleine geht, dann kann er sich freuen, kann stolz sein ... ein klein wenig verändern, den Atem ein klein wenig langsamer machen ...

Woher der Atem eigentlich kommt, ist schwer zu sagen ... Man kann sagen, er kommt aus dem Bauch oder aus der Lunge, kommt tief aus dir selbst ... Er kommt ganz allein, ganz von selbst ... und du kannst ihn trotzdem verändern ...

Das hat auch Alexander gemerkt, als er im Fußball gespielt hat und seine Mannschaft ein Tor bekommen hat. Sofort, als das Tor fiel, wurde er sehr traurig, er hat fast geweint, ganz von innen heraus ... Alexander hat das gespürt, und er hat gespürt, dass die Traurigkeit ihn fast kraftlos macht ...

Und er hat sich gesagt, dass er aber Kraft braucht, um selbst ein Tor zu schießen ...

Und so hat er das Gefühl in sich verändert, er hat das starke traurige Gefühl in sich zu Zorn verändert ... Und er ist mit diesem Zorn losgestürmt und hat sein Tor wirklich geschossen ... So hat Alexander gemerkt, dass er seine Gefühle verändern kann, dass er manche Gefühle in andere verwandeln kann ...

Alexander hat dann versucht, alle Gefühle zu verändern, so wie man seinen Atem verändern kann, dass er schneller oder dass er langsamer fließt ... Und da hat er gemerkt, dass das bei manchen Gefühlen schwer ist und bei anderen leichter ... und dass das bei manchen Gefühlen für ihn selbst gut ist und bei anderen schlecht ...

Alexander hat versucht, ob er große Freude in Zorn verwandeln kann ... Und das war schwer ... und das war nicht gut ... Denn warum soll jemand zornig sein, wenn er sich freut? ... Alexander hat versucht, ob er Wut in etwas anderes verwandeln kann, das besser ist ... Und er hat nachgedacht ... was besser als Wut ist ... Da fiel ihm manches ein, wie vielleicht auch dir ... Ich weiß nicht, was dir einfällt, das besser als Wut ist ... aber Wut in etwas anderes verwandeln, war schwer ...

Alexander hat an seinen Atem gedacht, dass er seinen Atem verändern kann, obwohl der Atem tief aus ihm selbst kommt, wie auch die Wut ... Und er hat versucht, die Wut stärker werden zu lassen ... und das konnte er ... Wenn er ein bisschen wütend war, konnte er sich noch wütender machen ... Und da wusste er, dass er die Wut auch verändern kann ... Und Alexander hat versucht, die Wut schwächer werden zu lassen ... Und das war schwerer ... aber auch das hat er geschafft ... Und es war gut ...

Und weil Alexander oft wütend war, hat er probiert, was ihm helfen könnte, die Wut schwächer werden zu lassen ... Und er hat alles ausprobiert, und wenn etwas geklappt hat, dann hat er es sich gemerkt und es später wieder damit versucht ...

Nicht alles, was Alexander versucht hat, hat geklappt ... Aber er wusste, dass er seinen Atem verändern kann, dass er seine Wut verändern kann, und so hat er einfach weiter nach dem gesucht, was sie weniger werden lässt ... Weil jede Wut von sich aus mit der Zeit weniger wird, kann sie also weniger werden ...

Und Alexander hat *die Zeit* versucht ... Wenn er gemerkt hat, dass er gleich wütend wird oder schon ein bisschen wütend ist, dann hat er sich vorgestellt, dass das, was gerade passiert ist, schon lange her ist, schon eine Minute, eine Stunde, einen Tag, ein Jahr ... Und er hat gemerkt, wie die Wut weniger geworden ist ...

Und Alexander hat versucht, die *Wut in Kraft zu verwandeln*, in Kraft für etwas Gutes ... Und als er wieder einmal gemerkt hat, dass er gleich wütend wird und schon etwas wütend ist, ist er weggegangen, hat die Wut in Kraft verwandelt und etwas Gutes gemacht ...

Und Alexander hat versucht, die *Wut in Lachen zu verwandeln* ... Und als er wieder einmal gemerkt hat, dass er gleich wütend wird und schon etwas wütend ist, hat er sich vorgestellt, dass das, worüber er wütend ist, ganz komisch ist, und er hat einfach zu lachen begonnen ... obwohl es erst schwer fiel ... Aber als er einmal zu lachen angefangen hatte, ging es immer besser ... Und so hat Alexander die Wut in Lachen verwandelt ...

Und Alexander hat noch mehr versucht. Vielleicht fällt dir einiges ein, was er noch hätte versuchen können ... Und was am besten geklappt hat, das hat er sich gemerkt ...

Alexander hat auch versucht, seine Wut zu verändern, wenn er schon ganz wütend ist ... aber das war am schwersten ... Er hat gemerkt, dass es leichter geht, wenn er noch nicht so sehr wütend ist ... Also hat er immer wieder darauf geachtet, ob er wohl wütend wird ... Und wenn er es ein bisschen schon gespürt hat, dann konnte er das am leichtesten ändern ...

Und so konnte Alexander bald seine Wut fast so leicht verändern, wie er seinen Atem verändern kann ... Den Atem, den er mal schneller und mal langsamer machen konnte ... Den Atem, den jeder schneller oder langsamer machen kann, wenn er daran denkt ...

Und mit dem Atem kannst du nun langsam zurückkehren, in den Raum, zu den Geräuschen des Raumes und den Geräuschen von draußen ... Du kannst deinen Körper spüren ... Dein Atem ist immer da, er geht ein und aus, ein und aus, ganz ruhig und gleichmäßig, ganz von allein ... Und du kannst ihn verändern ...

So liegst du noch etwas und träumst. Und wenn du bereit bist, dann öffnest du die Augen und reckst und streckst dich.

„Ich hab die Macht“

(Selbstinstruktionen)

Mach es dir ganz bequem ... Während du dich noch räkelst, kannst du schon beginnen, dich zu entspannen ... Und deine Augen können beginnen, eine Stelle im Raum vor dir zu suchen, an der sie verweilen möchten ... Und deine Ohren hören vielleicht Geräusche um dich ... aus dem Raum ... oder von draußen ... oder anderswoher ... Und während du immer noch die Stelle anschaust, kann sie immer gleichgültiger werden ... Und dann kann es gut sein, dass du, irgendwann, die Augen schließen möchtest und dass es sich gut anfühlt, die Augen zu schließen, so wie man die Augen schließt, um eine Geschichte zu hören ...

Ich zähle nun langsam von Fünf bis Null. Die Ruhe in dir kann dabei immer tiefer werden, bis du angenehm ruhig bist ...

Fünf – Du hörst noch die Geräusche um dich ... Jedes Geräusch geschieht in der Stille ... Du spürst die Ruhe um die Geräusche immer stärker werden und alle Geräusche umfangen ...

Vier – Geh in Gedanken durch deinen Körper und versuche überall, die Ruhe zu empfinden ... Vielleicht kannst du schon spüren, wie die Ruhe immer noch tiefer wird ...

Drei – Achte auf deinen Atem, er geht ein und aus, ein und aus, ganz ruhig und gleichmäßig, ganz von allein ... Du spürst bei jedem Atemzug die Ruhe in dir ...

Zwei – Stell dir einen Meeresstrand vor ... Mit jedem Atemzug, der geschieht, rauscht eine Welle sanft an den Strand ... Stell dir vor, wie du mit jeder Welle ruhiger wirst, wie du immer tiefer in die Ruhe kommst ...

Eins – Stell dir die Schildkröte Malu vor, die am Palmenstrand durch den Sand kriecht ... Ihr Kopf schaut unter dem starken Panzer vor, er dreht sich gemächlich hierhin und dahin ... Dann lässt sie sich unter einer Palme nieder und schaut hinaus auf das Meer ...

Null – Stell dir den Himmel über den Palmen vor ... Langsam treiben weiße Wolken durch das Blau ... Stell dir die Ruhe der weißen Wolken vor und spüre, wie du selbst immer noch ruhiger wirst ...

Emma setzt sich zur Schildkröte Malu in den Sand ... Von fern rauscht das Meer ... Emma spürt eine tiefe Ruhe in sich ... Obwohl sie sich Sorgen macht, ist die Ruhe tief in ihr immer da ... Die Ruhe tief in ihr ist da, wie ein verborgener Schatz ...

„Wenn nur Alexander nicht immer so leicht wütend würde ...“, denkt sie. „Wie ich selbst eigentlich auch“, gibt sie zu ... „Obwohl ich immer einen guten Grund habe – und er nicht“, behauptet sie dann ...

Aber eigentlich denkt sie darüber nach, was ihre Mutter gesagt hat, über die Macht, die sie hat ... Eigenartig ... Im Streit fühlt sie sich allerdings stark ... aber immer auch so, als könnte alles gar nicht anders sein ... als müsste sie, wenn Alexander das eine sagt, genau das andere sagen ... als müsste sie, wenn er sie boxt, ihn boxen ...

Macht haben bedeutet aber, dass man machen kann, was man will ... Macht haben bedeutet, dass man auch leiser werden kann, wenn der andere lauter wird ... Macht haben bedeutet, dass man lachen kann und sich umdrehen, wenn der andere boxt ... Macht haben bedeutet, dass man keine Blitze sehen muss, sondern Schmetterlinge sehen kann, wenn man nur möchte ...

Emma schließt die Augen und stellt sich Schmetterlinge vor ... Emma stellt sich vor, wie die Schmetterlinge um eine Blume tanzen ...

Emma berührt den Panzer von Malu ... Er ist in der Sonne warm geworden ... Auch Emma fühlt sich schön warm ... „Wenn ich das alles weiß, warum vergesse ich es dann, sobald ein Streit anfängt?", fragt sie sich ...

Und antwortet sich selbst: „Ich vergesse es eigentlich nicht ... Es ist immer noch da, nur ferner ... und der Streit ist dann näher ..."

Emma begegnet dem langsamen Blick von Malu. „Ich muss es dann näher herholen", sagt sie sich ... „Ich muss das Gute, das ich eigentlich weiß, näher herholen, wenn ein Streit beginnen will ... Ich muss mir das Gute selbst sagen ..."

Emma streicht über den warmen Panzer von Malu und überlegt sich, was sie sich Gutes sagen kann, wenn ein Streit anfangen will ... Einige Merksprüche fallen ihr ein ...

„Erst *spüren*, dann *denken*, dann *tun*!" Das ist der Spruch von Malu. Der ist immer gut ... Oder:

„Ich hab die Macht, ob es ruhig bleibt oder kracht." Das kann sie sich sagen, wenn es schon ein bisschen nach Streit aussieht ... Oder:

„Ein Schritt zurück, der bringt jetzt Glück." Das kann sie sich sagen, wenn sie schon nahe aneinander und laut sind. Und sie kann, wenn sie an den Spruch denkt, vielleicht auch leiser werden ...

„Lachen ist gut gegen Wut", das kann sie sich sagen und es einfach einmal ausprobieren ...

„Ein freundliches Gesicht macht Ärger zu Licht", fällt ihr noch ein, als sie über Malus Panzer streicht ...

Eigentlich, denkt Emma dann, sind das doch einige gute Dinge, die sie sich sagen kann ... Und sie kann auch einiges tun, wenn ein Streit kommen will ... „Was kann ich tun?", fragt sie Malu und antwortet gleich selbst.

„Ich kann einen Schritt zurück machen ... Ich kann langsamer werden ... Ich kann lächeln ... Ich kann versuchen, ob ich Alexander nicht sogar zum Lachen bringe ... Ich kann einfach selbst ruhiger werden, dann wird auch Alexander ruhiger ... Denn ich hab die Macht, ob es ruhig bleibt oder kracht", sagt Emma sich zufrieden und streicht noch einmal über den Panzer von Malu ...

Malu wendet den Kopf und schaut auf die Wellen des Meeres ... Die Wellen laufen den Strand hinauf und spülen wieder zurück, Welle um Welle ... Hinter all der Unruhe ist die große Ruhe des Meeres ... Aus dieser großen Ruhe kommen die unruhigen Wellen ... Malu spürt die große Ruhe des Meeres in sich und lässt sie noch größer werden ...

Langsam kehrst du nun zurück vom Palmenstrand, von Emma und Malu, in die Ruhe des Raums ... Ich zähle nun von Eins bis Drei, und mit jedem Zählen kommst du ein Stück weiter zurück ...

Eins – Du kannst noch der Ruhe in dir nachspüren ... Du spürst in dir vielleicht auch die Stärke ...

Zwei – Dein Atem kann nun schneller und tiefer werden ... Achte auf die Geräusche im Raum ... Die Ruhe und die Stärke sind immer noch da ...

Drei – Du bist nun wieder ganz hier. Wenn du soweit bist, dass sich die Augen öffnen möchten, dann lass das einfach geschehen ... Atme dann einmal tief durch! Reck dich und streck dich ...

Löwe Alexander

(Hilfreiche Vorstellungen)

Mach es dir ganz bequem ... Während du dich noch räkelst, kannst du schon beginnen, dich zu entspannen ... Und deine Augen können beginnen, eine Stelle im Raum vor dir zu suchen, an der sie verweilen möchten ... Und währenddessen hören deine Ohren vielleicht Geräusche um dich ... aus dem Raum ... oder von draußen ... oder anderswoher ... Und während du immer noch die Stelle anschaust, kann sie immer gleichgültiger werden ... Und dann kann es gut sein, dass du, irgendwann, die Augen schließen möchtest und dass es sich gut anfühlt, die Augen zu schließen, so wie man die Augen schließt, um eine Geschichte zu hören ...

Ich zähle nun langsam von Fünf bis Null. Die Ruhe in dir kann dabei immer tiefer werden, bis du angenehm ruhig bist ...

Fünf – Du hörst noch die Geräusche um dich ... Jedes Geräusch geschieht in der Stille ... Du spürst die Ruhe um die Geräusche immer stärker werden und alle Geräusche umfangen ...

Vier – Geh in Gedanken durch deinen Körper und versuche überall, die Ruhe zu empfinden ... Vielleicht kannst du schon spüren, wie die Ruhe immer noch tiefer wird ...

Drei – Achte auf deinen Atem, er geht ein und aus, ein und aus, ganz ruhig und gleichmäßig, ganz von allein ... Du spürst bei jedem Atemzug die Ruhe in dir ...

Zwei – Stell dir einen Meeresstrand vor ... Mit jedem Atemzug, der geschieht, rauscht eine Welle sanft an den Strand ... Stell dir vor, wie du mit jeder Welle ruhiger wirst, wie du immer tiefer in die Ruhe kommst ...

Eins – Stell dir die Schildkröte Malu vor, die am Palmenstrand durch den Sand kriecht ... Ihr Kopf schaut unter dem starken Panzer vor, er dreht sich gemächlich hierhin und dahin ... Dann lässt sie sich unter einer Palme nieder und schaut hinaus auf das Meer ...

Null – Stell dir den Himmel über den Palmen vor ... Langsam treiben weiße Wolken durch das Blau ... Stell dir die Ruhe der weißen Wolken vor und spüre, wie du selbst immer noch ruhiger wirst ...

Alexander ist aus dem Haus gestürmt und geht nun langsam über den Sand ... Über ihm wiegen sich Palmen im warmen Wind ... Er spürt ihre Frische und Ruhe ... Alexander spürt auch etwas von der Frische und Ruhe der Palmen in sich ... ganz tief in sich ... wo es immer ist ...

Hier bei den Bäumen spürt Alexander, wie er ruhiger wird ... Er hat sich so sehr über Emma geärgert, und nun spürt er, wie der Ärger in der guten Luft und bei den Bäumen vergeht ... Als würde er aus ihm heraus und in diese Luft strömen und sich dort auflösen ... Alexander versucht, sich vorzustellen, wie in ihm der Ärger ist, wie eine schwarze Wolke, und wie er mit seinem Atem herausströmt und sich zwischen den Bäumen auflöst ...

Warum ihn Emma immer so auf die Palme bringt! ... Das ist doch ein Sprichwort, ‚jemanden auf die Palme bringen'. Aber eigentlich ist es doch anders: Warum er sich von Emma immer so auf die Palme *bringen lässt*! ... Alexander schaut den hohen, schlanken Stamm einer Palme hinauf ... Und er muss lachen ... Alexander überlegt sich nämlich, wie Malu, die Schildkröte den Palmenstamm hinaufklettert – unmöglich! ... Dann überlegt er, was für Tiere wohl so einen Stamm hinaufklettern ... Ein Äffchen vielleicht ... Oder ein Eichhörnchen ... Auch ein Löwe? Nein! ... Einen Löwen stellt sich Alexander zwar als mutig und stark, aber auch als ganz ruhig und gelassen vor ... Malu, die Schildkröte, natürlich auch ...

Alexander stellt sich vor, ein Löwe zu sein, wenn das nächste Mal ein Streit kommen will ... Wenn er das nächste Mal merkt, dass er sich wieder über Emma aufregt ... Wenn er das nächste Mal merkt, dass er sich von Emma *aufregen lässt* ... Ein Löwe *lässt* sich nicht aufregen ... Ein Löwe regt sich nur auf, wenn er selbst will! ... Und ein Löwe will sich selten aufregen, denn er ist der König der Tiere ... Könige, denkt sich Alexander, regen sich nicht so leicht auf ... Und sie *lassen* sich schon gar nicht aufregen ...

Alexander stellt sich vor, wie er einen königlichen Schritt zurücktritt, wenn er das nächste Mal in einen Streit mit Emma kommt, wie er sie voll königlichem Stolz anschaut und besonders langsam redet ... Wie er nichts sagt, das den Streit stärker werden lässt ... sondern wie er ganz weise Worte findet, dass Emma lächeln muss oder lachen oder jedenfalls sich nicht noch mehr aufregt ...

Oder soll er sich dann lieber vorstellen, eine weise Schildkröte zu sein, eine weise Schildkröte wie Malu? ... Mit einem harten Panzer, den nichts verletzen kann, und mit viel Ruhe und Weisheit? ... Alexander überlegt, ob es noch andere Wesen gibt, die er sich vorstellen kann, wenn der Streit kommt ...

Da ist Malu! ... Alexander hockt sich zur Schildkröte hin und streicht ihr über den Panzer ... „Du hast es gut, dich regt Emma nicht auf", sagt er – und verbessert sich sofort: „Du *lässt dich* von Emma nicht aufregen!" ...

Malu schaut auf die Wellen des Meeres ... Die Wellen laufen den Strand hinauf und spülen wieder zurück, Welle um Welle ... Hinter all der Unruhe ist die große Ruhe des Meeres ... Aus dieser großen Ruhe kommen die unruhigen Wellen ... Malu spürt die große Ruhe des Meeres in sich und lässt sie noch größer werden ...

Langsam kehrst du nun zurück vom Palmenstrand, von Alexander und Malu, in die Ruhe des Raums ... Ich zähle nun von Eins bis Drei, und mit jedem Zählen kommst du ein Stück weiter zurück ...

Eins – Du kannst noch der Ruhe in dir nachspüren ... Du spürst in dir vielleicht auch die Stärke ...

Zwei – Dein Atem kann nun schneller und tiefer werden ... Achte auf die Geräusche im Raum ... Die Ruhe und die Stärke sind immer noch da ...

Drei – Du bist nun wieder ganz hier. Wenn du soweit bist, dass sich die Augen öffnen möchten, dann lass das einfach geschehen ... Atme dann einmal tief durch! Reck dich und streck dich ...

Emma kann ruhiger werden

(Überblick, Entspannung)

Mach es dir ganz bequem ... Während du dich noch räkelst, kannst du schon beginnen, dich zu entspannen ... Und deine Augen können beginnen, eine Stelle im Raum vor dir zu suchen, an der sie verweilen möchten ... Und während du diese Stelle ansiehst, hören deine Ohren vielleicht Geräusche um dich ... aus dem Raum ... oder von draußen ... oder anderswoher ... Und während du immer noch die Stelle anschaust, kann sie immer gleichgültiger werden ... Und dann kann es gut sein, dass du, irgendwann, die Augen schließen möchtest und dass es sich gut anfühlt, die Augen zu schließen, so wie man die Augen schließt, um eine

Geschichte zu hören ...

Ich zähle nun langsam von Fünf bis Null. Die Ruhe in dir kann dabei immer tiefer werden, bis du angenehm ruhig bist ...

Fünf – Du hörst noch die Geräusche um dich ... Jedes Geräusch geschieht in der Stille ... Du spürst die Ruhe um die Geräusche immer stärker werden und alle Geräusche umfangen ...

Vier – Geh in Gedanken durch deinen Körper und versuche überall, die Ruhe zu empfinden ... Vielleicht kannst du schon spüren, wie die Ruhe immer noch tiefer wird ...

Drei – Achte auf deinen Atem, er geht ein und aus, ein und aus, ganz ruhig und gleichmäßig, ganz von allein ... Du spürst bei jedem Atemzug die Ruhe in dir ...

Zwei – Stell dir einen Meeresstrand vor ... Mit jedem Atemzug, der geschieht, spült eine Welle sanft an den Strand ... Stell dir vor, wie du mit jeder Welle ruhiger wirst, wie du immer tiefer in die Ruhe kommst ...

Eins – Stell dir die Schildkröte Malu vor, die am Palmenstrand durch den Sand kriecht ... Ihr Kopf schaut unter dem starken Panzer vor, er dreht sich gemächlich hierhin und dahin ... Dann lässt sie sich unter einer Palme nieder und schaut hinaus auf das Meer ...

Null – Stell dir den Himmel über den Palmen vor ... Langsam treiben weiße Wolken durch das Blau ... Stell dir die Ruhe der weißen Wolken vor und spüre, wie du selbst immer noch ruhiger wirst ...

Emma sitzt neben der Schildkröte Malu im Sand unter den Palmen ... Von fern rauscht das Meer ... Emma hatte gerade einen lustigen Streit mit Alexander ... Früher waren ihre Streite sehr grimmig, jetzt werden sie nie sehr schlimm, und oft wandeln sie sich in einen Spaß ...

„Woher das kommt?“, fragt Emma sich und streicht über den Rücken von Malu ...

Und antwortet sich selbst: „Vielleicht, weil ich einfach mehr darauf achte, ob ich geladen bin oder schon wütend ...

Vielleicht, weil ich etwas anderes mache, wenn ich spüre, dass ich geladen bin, dass etwas aus mir heraus will, dass ich dann ins Freie gehe und renne ... oder dass ich dann klettere ... oder sonst etwas ...

Vielleicht, weil ich oft, wenn der Streit noch nicht so groß ist, daran denke, ihn in Spaß zu verwandeln ... zu lächeln ... einen Spaß zu machen ...

Vielleicht wegen der Merksprüche, die ich in mich hineinsage, wenn ich merke, dass ein Streit kommen will ...“

Emma überlegt sich die Sprüche, die sie kennt und sagt sie dann Malu vor, die ganz genau zuhört:

„Erst *spüren*, dann *denken*, dann *tun*! ...

Ich hab die Macht, ob es ruhig bleibt oder kracht ...
Ein Schritt zurück, der bringt jetzt Glück ...
Lachen ist gut gegen Wut ...
Ein freundliches Gesicht macht Ärger zu Licht ..."

Dann fällt Emma kein Spruch mehr ein ... Ob sie einen vergessen hat? ... Emma überlegt sich, welcher Spruch für sie der beste war ...

Aber vielleicht am wichtigsten von allem, war noch etwas anderes, fällt ihr dann ein ... Auch das sagt sie Malu, die ganz genau zuhört:

„Vielleicht am wichtigsten ist, dass ich viel stärker die Ruhe in mir spüre, und wenn ich die spüre, ist der Streit nicht so wichtig, dann bringt mich Alexander nicht gleich auf die Palme ...

Aber auf die Ruhe", sagt sie zu Malu, „muss man selbst achten ... Ich achte auf sie, indem ich auf meinen Atem achte, wie er in mir hineinströmt und wieder heraus, ganz ruhig und gleichmäßig, ganz von allein ... Ich stelle mir dann vor, wie mit jedem Atemzug die Ruhe in mich strömt und größer wird ... Das kann jeder ... Man muss nur daran denken ... Machst du das auch so?", fragt sie Malu ...

Malu antwortet nicht. Aber sie freut sich ... Sie mag die Kinder so gern ... Langsam wendet sie den Kopf und schaut auf die Wellen des Meeres ... Die Wellen laufen den Strand hinauf und spülen wieder zurück, Welle um Welle ... Hinter all der Unruhe ist die große Ruhe des Meeres ... Aus dieser großen Ruhe kommen die unruhigen Wellen ... Malu spürt die große Ruhe des Meeres in sich und lässt sie noch größer werden ...

Langsam kehrst du nun zurück vom Palmenstrand, von Emma und Malu, in die Ruhe des Raums ... Ich zähle nun von Eins bis Drei, und mit jedem Zählen kommst du ein Stück weiter zurück ...

Eins – Du kannst noch der Ruhe in dir nachspüren ... Du spürst in dir vielleicht auch die Stärke ...

Zwei – Dein Atem kann nun schneller und tiefer werden ... Achte auf die Geräusche im Raum ... Die Ruhe und die Stärke sind immer noch da ...

Drei – Du bist nun wieder ganz hier. Wenn du soweit bist, dass sich die Augen öffnen möchten, dann lass das einfach geschehen ... Atme dann einmal tief durch! Reck dich und streck dich ...

Malu hat viele Freunde

(Ruhe und Kraft durch Freundschaft)

Mach es dir ganz bequem ... Während du dich noch räkelst, kannst du schon beginnen, dich zu entspannen ... Und deine Augen können beginnen, eine Stelle im Raum vor dir zu suchen, an der sie verweilen möchten ... Und währenddessen hören deine Ohren vielleicht Geräusche um dich ... aus dem Raum ... oder von draußen ... oder anderswoher ... Und während du immer noch die Stelle anschaust, kann sie immer gleichgültiger werden ... Und dann kann es gut sein, dass du, irgendwann, die Augen schließen möchtest und dass es sich gut anfühlt, die Augen zu schließen, so wie man die Augen schließt, um eine Geschichte zu hören ...

Ich zähle nun langsam von Fünf bis Null. Die Ruhe in dir kann dabei immer tiefer werden, bis du angenehm ruhig bist ...

Fünf – Du hörst noch die Geräusche um dich ... Jedes Geräusch geschieht in der Stille ... Du spürst die Ruhe um die Geräusche immer stärker werden und alle Geräusche umfangen ...

Vier – Geh in Gedanken durch deinen Körper und versuche überall, die Ruhe zu empfinden ... Vielleicht kannst du schon spüren, wie die Ruhe immer noch tiefer wird ...

Drei – Achte auf deinen Atem, er geht ein und aus, ein und aus, ganz ruhig und gleichmäßig, ganz von allein ... Du spürst bei jedem Atemzug die Ruhe in dir ...

Zwei – Stell dir einen Meeresstrand vor ... Mit jedem Atemzug, der geschieht, rauscht eine Welle sanft an den Strand ... Stell dir vor, wie du mit jeder Welle ruhiger wirst, wie du immer tiefer in die Ruhe kommst ...

Eins – Stell dir die Schildkröte Malu vor, die am Palmenstrand durch den Sand kriecht ... Ihr Kopf schaut unter dem starken Panzer vor, er dreht sich gemächlich hin und her ... Dann lässt sie sich unter einer Palme nieder und schaut hinaus auf das Meer ...

Null – Stell dir den Himmel über den Palmen vor ... Langsam treiben weiße Wolken durch das Blau ... Stell dir die Ruhe der weißen Wolken vor und spüre, wie du selbst immer noch ruhiger wirst ...

Die Schildkröte Malu kriecht im Sand ... Über ihr wiegen sich Palmen im leichten Wind ... Ein Stückchen weiter rauschen die Wellen des Meeres ... Vögel singen ...

Malu geht es gut ... Sie ist zufrieden mit sich und der Welt ... Die Äffchen stören sie manchmal, wenn sie um sie herumspringen, ja ... Aber eigentlich sind auch die Äffchen in Ordnung ... So sind sie eben ... es ist gut ... das Kreischen und Springen liegt ihnen im Blut ...

Bei den Menschen hat Malu immer ein bisschen Angst, dass sie sie übersehen und auf sie treten ... Oder ob sie auch vorsichtig genug sind, wenn sie über ihren Rücken streichen ... Aber eigentlich sind die Menschen gut ... So sind sie nun eben ... das liegt ihnen im Blut ...

Am wenigsten mag Malu die Katzen ... Wenn sie ihr über den Weg laufen und sie mit ihren Schnauzen anstupsen ... Als wenn die Katzen sie am liebsten fressen wollten ... Dann zieht sich Malu in ihren Panzer zurück und wartet ... wartet einfach so lange, bis die Katzen genug haben und weiterziehen ... Und denkt an schöne Dinge derweil ... Und lauscht auf das Rauschen des Meeres ... Und lauscht auf ihren Atem, wie er ruhig ein- und ausströmt, ein und aus, ganz ruhig und gleichmäßig, ganz von allein ...

Malu hat viele Freunde ... die Vögel ... das Meer ... jede einzelne Welle ... sogar die Äffchen und die Kinder sind ihre Freunde ... vielleicht sogar die Katzen ... aber ihr bester Freund ist ihr Atem ... weil er sie ruhig macht ... weil er ihr die Kraft ihres Lebens gibt ... Weil er sie nie alleine lässt ... Ihr Atem strömt ein und aus, ein und aus, ganz ruhig und gleichmäßig, ganz von allein ...

„Eigentlich", denkt sich Malu, „wird die Welt schön, wenn ich an die vielen Wesen denke, die in ihr sind ... Wenn ich daran denke, dass sie alle meine Freunde sind ... auch wenn ich sie vielleicht einmal nicht so mag ... auch wenn sie mich einmal ärgern ... oder sogar wütend machen ..."

Und Malu denkt an jemanden, der sie schon geärgert hat und stellt sich vor, dass er aber trotzdem ihr Freund ist ... eigentlich ...

Wie die Sonne, die manchmal so heiß ist, dass sie sticht ... die aber trotzdem ihr Freund ist ...

Wie die Katzen, vor denen sie manchmal Angst hat ... eine Angst, die aber weniger wird, wenn sie daran denkt, dass die Katzen eigentlich ihre Freunde sind ...

Wie die Menschen, vor denen sie manchmal Angst hat, weil sie so groß und ungeschickt sind ... vor denen die Angst aber weniger wird, wenn sie daran denkt, dass sie eigentlich ihre Freunde sind ...

Malu ist im warmen Sand liegengeblieben ... Sie lauscht auf die Stimmen vom Haus ... Emma und Alexander sind das ... So oft haben sie miteinander gestritten ... Nun spielen sie zusammen ... Es sind ihre Freunde ...

Die Stimmen werden lauter ... Malu hört genauer hin ... Ob sie sich jetzt gleich wieder streiten? ... Da lacht jemand ... Jetzt lachen sie beide ... „Ein bisschen Streit ist ja gut", denkt sich Malu, „wenn man weiß, wie man aufhören und sich wieder vertragen kann ... Und das können die Kinder nun viel besser als früher" ...

„Wann soll man aufhören?", fragt sich Malu ... Und antwortet gleich selbst: „Immer wieder, immer wenn man wütend wird ... Dazu hat jeder die Macht ... Das kann eigentlich jeder ... Obwohl es manchmal schwerfällt ... Aber in jedem liegt die Kraft dazu ... Und wer zu streiten aufhört, der zeigt, dass er die Kraft dazu hat ..."

Malu schaut auf die Wellen des Meeres ... Die Wellen laufen den Strand hinauf und spülen wieder zurück, Welle um Welle ... Hinter all der Unruhe ist die große Ruhe des Meeres ... Aus dieser großen Ruhe kommen die unruhigen Wellen ... Malu spürt die große Ruhe des Meeres in sich und lässt sie noch größer werden ...

Langsam kehrst du nun zurück vom Palmenstrand und Malu in die Ruhe des Raums ... Ich zähle nun von Eins bis Drei, und mit jedem Zählen kommst du ein Stück weiter zurück ...

Eins – Du kannst noch der Ruhe in dir nachspüren ... Du spürst in dir vielleicht auch die Stärke ...

Zwei – Dein Atem kann nun schneller und tiefer werden ... Achte auf die Geräusche im Raum ... Die Ruhe und die Stärke sind immer noch da ...

Drei – Du bist nun wieder ganz hier. Wenn du soweit bist, dass sich die Augen öffnen möchten, dann lass das einfach geschehen ... Atme dann einmal tief durch! Reck dich und streck dich ...

Leichtigkeit und Freude

Die Trance-Geschichten dieses Buchteils beschäftigen sich besonders mit Leichtigkeit und Freude. Sie führen zuerst in eine tiefe Entspannung. Wir verweilen dann dort und kehren anschließend wieder in unseren Alltag zurück. Das kann etwa so aussehen, dass wir zuerst in der Vorstellung unter Entspannungssuggestionen eine Treppe hinabsteigen, eine Wiese betreten, dort etwas Schönes erleben, dann die Treppe wieder hinaufsteigen, gestärkt in unseren Alltag.

Der Fisch und der Schmetterling

(Leichtigkeit)

Mach es dir ganz bequem ... Und schon während du dich noch räkelst, kannst du tief in dir beginnen, ruhiger zu werden ... Und deine Augen können sich schließen – oder eine Stelle im Raum suchen, an der sie verweilen möchten, bis sie sich irgendwann schließen wollen ... Und deine Ohren hören vielleicht Geräusche um dich ... aus dem Raum ... oder von draußen ... oder anderswoher ... Irgendwann kann jede Bewegung ganz gleichgültig werden und du kannst noch besser zu hören beginnen ... und kannst noch besser zu spüren beginnen, vielleicht deine Augen, das angenehme Gefühl, wenn sie ruhen ... ohne Ziel ... einfach so ... wie man ruhen kann, wenn man eine Geschichte hört ...

In der Ruhe ist es möglich, sich vieles vorzustellen ... Da kann eine Treppe sein, die vor dir immer tiefer hinabführt ... immer tiefer hinein in die Ruhe ... Stufe um Stufe geht es hinab in die Ruhe ... Mit jeder Stufe kann die Ruhe in dir größer werden ... Je tiefer du steigst, umso angenehmer kann sich die Ruhe in dir ausbreiten ... Stufe um Stufe weiter hinab in die Ruhe ...

Mit jeder Stufe kann die Bereitschaft in dir größer werden ... zu lauschen ... der Stimme zu folgen ... Stufe um Stufe ... dorthin hinab, wo die Ruhe immer noch größer wird, und deine Bereitschaft ...

Da ist nur die Treppe, Stufe um Stufe steigst du hinab ... Da ist die Ruhe, die immer noch etwas größer werden kann ... Da ist die Bereitschaft zu lauschen, was sich in der Ruhe ereignet ...

Die Treppe endet am Ufer eines Sees ... Du schaust hinaus auf die leichte Bewegung der Wellen ... Dort draußen spiegelt die Sonne ... Und Wolken treiben in der Tiefe des Sees ...

Durch eine Wolke schwimmt ein Fisch ... Er hat einen dicken Bauch und sieht gemütlich aus ... Seine Flossen bewegen sich ganz langsam ... Nun taucht er auf und berührt mit seinem Maul den Himmel ... Die Luft, die der Fisch aus dem Wasser atmet, geht über in den Himmel ... Die Luft löst sich auf in der Luft ...

Du stehst am Ufer und atmest von der Luft des Sees ... Vielleicht spürst du die Besonderheit jedes Atemzugs ... die Frische und Leichtigkeit, die jeder Atemzug bringen kann ... und wie jeder Atemzug die Ruhe noch tiefer macht ...

Deine Schritte können am Ufer des Sees entlanggehen ... Langsames Gehen, wie in einem schönen Traum ... Jeder Schritt geht sich selbst ... Aus jedem Schritt entsteht Bewegung für einen weiteren Schritt ... Jeder Schritt führt weiter in die Kraft hinein ... und in die Ruhe der Kraft ...

Am Ufer wachsen Büsche und Bäume ... Die Zweige einer Weide hängen über das Wasser ... Du siehst sie gespiegelt im Wasser ... Du siehst, wie sich die Zweige und ihre Spiegelbilder fast berühren ... Du kannst dich fragen, ob nicht die Spiegelbilder die richtigen Zweige sind und die richtigen Zweige nur gespiegelt ... Du kannst dich fragen, ob die gespiegelten Wolken die wirklichen Wolken sind ... und die Fische, die durch die wirklichen Wolken schwimmen, nur gespiegelt ... vom Himmel ... durch den gerade ein Vogel fliegt, sich auf einen Zweig der Weide setzt und leicht wippt ...

In den Wolken des Sees kannst du vielleicht die Leichtigkeit spüren ... es ist die Leichtigkeit in dir ... die auch treiben kann, langsam durch den Himmel ... Die Leichtigkeit ist immer da, auch wenn es einem Menschen schwer ist, aber die Schwere kann sie manchmal verdecken ... Im Spiegel des Sees ist sie dann immer noch ... irgendwo in der Tiefe des Wassers ... Wenn einer es probieren würde, er könnte sie bestimmt dort spüren ... oder zu spüren beginnen ... je mehr er es versucht, umso mehr ...

Und die Schwere könnte immer noch da sein ... aber leichter werden ... irgendwie durchsichtig ... wie der andere Teil eines Spiegelbilds ... durch das plötzlich ein Schmetterling flattert ... über dem See ... im duftenden Himmel ...

Der Schmetterling kann immer noch über dem See flattern ... bis er das Ufer erreicht ... und sich hinsetzt ... auf eine Blume vielleicht ... bis er die großen Flügel aufklappt und von der Sonne bescheinen lässt ... Die Sonne ist warm ... Ihre Strahlen wärmen alles ... Ob das die Flügel des Schmetterlings sind oder das Gras ... oder der große Stein dort am See ...

Die Leichtigkeit der Schmetterlingsflügel erhebt sich wieder in die Luft ... in den Himmel ... der Schmetterling wirbelt davon ... Du kannst ihm mit deinen Augen folgen ... die sich immer weiter heben ... du kannst selbst ein Stück leichter werden, als Schmetterling ... in der Luft ... im Himmel ... auf der Erde ... wann immer du an den Schmetterling denkst ...

Der Schmetterling ist im Himmel verschwunden ... Der Himmel ist immer noch da ... und die Leichtigkeit ... und die Wärme des Lichts ...

Vor dir taucht wieder die Treppe auf ... Schritt für Schritt kannst du aufwärts steigen, mit jeder Stufe etwas weiter hinauf, in den wachen Raum deines Lebens ...

Mit jeder Stufe, die du steigst, kannst du spüren, wie du wacher wirst ... Die Bilder vom See, vom Fisch, von der Luft und der Leichtigkeit des Schmetterlings sind weiter in dir, tief geborgen. Du steigst mit ihnen immer schneller aufwärts ins Wache, Stufe um Stufe ... Mit jeder Stufe nehmen die Kraft und die Wachheit in dir weiter zu ... Die Leichtigkeit ist immer noch da, tief in dir ... Und eine Freude ...

Wenn du soweit bist, dass sich die Augen öffnen möchten, dann lass das einfach geschehen ... Atme einmal tief durch! Reck dich und streck dich ...

Das Haus im Wind

(Freude wachsen lassen)

Mach es dir ganz bequem ... Während du dich noch räkelst, kannst du beginnen, angenehm ruhiger zu werden ... Und deine Augen können beginnen, eine Stelle im Raum vor dir zu suchen, an der sie verweilen möchten ... Und während du diese Stelle ansiehst, kann sie zu verschwimmen beginnen ... Und während das geschieht, hören deine Ohren vielleicht Geräusche um dich ... aus dem Raum ... oder von draußen ... oder anderswoher ... Und während du immer noch die Stelle anschaust, kann sie immer gleichgültiger werden ... Und dann kann es gut sein, dass du, irgendwann, die Augen schließen möchtest und dass es sich gut anfühlt, die Augen zu schließen, so wie man die Augen schließt, um eine Geschichte zu hören ...

Stell dir vor, dass du in einer Hängematte liegst ... Die Hängematte schaukelt ganz leicht, fast unmerklich ... angenehm ... Du kannst dich in ihr geborgen fühlen ... Stell dir vor, wie das Schaukeln der Hängematte ein wenig stärker wird ... angenehm ... Vielleicht schaukelt die Hängematte im Rhythmus deines Atems hin und her ... Vielleicht kannst du die Ruhe der Hängematte spüren. Und die Ruhe in dir ... Wie sie immer noch ruhiger wird ... Wie sie in dir wächst ... Mit jedem Hin und Her kann die Ruhe in dir wachsen ... Mit jedem Hin und Her kannst du noch tiefer in die Ruhe gleiten ...

In der Ruhe können viele Gedanken kommen ... wie Träume im Schlaf ... oder wie Wolken am Himmel ... die kommen und gehen ... Vielleicht ist der Wind am Himmel wie diese Ruhe ... Vielleicht treiben im Wind nicht nur die Wolken, sondern auch andere Dinge ...

Da treibt vielleicht ein Luftballon ... ein Kind hat ihn losgelassen, irgendwo auf der Erde, und ihm dann nachgeschaut, mit offenem Mund ... wie er immer höher und höher steigt ... bis gar nichts mehr zu sehen ist ...

Vielleicht treibt im Wind auch ein Haus ... Weil im Traum und in den Gedanken manches möglich ist, was sonst nicht möglich oder doch sehr unwahrscheinlich ist ... treibt im Wind vielleicht ein ganz besonderes Haus ... durch das du gehen kannst, ganz sicher, während die Decken und Wände im Wind ächzen ... Und es ist im Traum und in den Gedanken auch möglich, dass jedes Zimmer etwas Besonderes enthält ...

In einem Zimmer stehen auf dem Tisch vielleicht zwei Figuren ... Eine Figur ist groß und zeigt einen Menschen mit strahlendem Gesicht, einem Lächeln, ganz ruhig und freudig ... ein Lächeln, das in den ganzen Raum zu strahlen scheint ... Die andere Figur ist viel kleiner und zeigt genau denselben Menschen, mit demselben glücklichen Gesicht, aber viel kleiner, so klein, dass man das Glück kaum sieht und kaum spüren kann ...

Und es ist möglich, dass du in diesem Zimmer einen Finger ausstreckst und den kleinen Menschen berührst und ihn wachsen lässt ... langsam ... dass du ihn langsam größer werden lässt, mit seinem glücklichen Lächeln, bis er so groß wie der große glückliche Mensch ist ... und das Glück von ihm ausstrahlt, in dich hinein ...

Wenn du mit geschlossenen Augen in dich hineinspürst, kannst du dort vielleicht etwas von diesem Lächeln und diesem Glück spüren ... vielleicht ganz offensichtlich, vielleicht nur schwach und verborgen ...

Und du kannst das Lächeln in dir berühren und es größer werden lassen ... langsam ... es einfach wachsen lassen ... dass du es mehr und mehr spüren kannst ... wie es dich durchdringt ... wie das Lächeln und die Freude ihren Platz in dir haben, vielleicht erst wenig, vielleicht schon stark ...

Das Lächeln und die Freude sind eigentlich immer da ... manchmal wachsen sie, manchmal schrumpfen sie ... und du kannst dich an sie erinnern ... du kannst sie berühren ... und wachsen lassen ... weil sie dir Zuversicht geben können ... und Mut ... weil alle Farben in der Freude und im Lächeln noch bunter werden ...

Weil das Gras von der Sonne und vom Regen berührt wird, kann es wachsen ... Und auch die Blumen und die Bäume können wachsen, weil sie vom Regen und von der Sonne berührt werden ... So kannst du auch das Lächeln in dir berühren ... ein Lächeln, das wachsen kann, das zu einer Freude werden kann, wie die Sonne, die jeder spürt ... wie die Blumen, die jeder sieht ...

Stell dir wieder die Hängematte vor, ihr leichtes Schaukeln ... Mit jedem Schaukeln kannst du spüren, wie die Kraft in dir stärker wird, wie du immer mehr in den Raum zurückkommst ... Die Freude ist immer noch da ... Du spürst vielleicht, wie die Kraft in dir stärker wird. Dein Atem kann nun schneller und tiefer werden, du kannst Kraft mit ihm sammeln und dich vorbereiten, gleich wieder ganz klar und wach zu sein ... Achte auf die Geräusche im Raum ... Die Freude ist immer noch da ...

Nun kannst du wieder ganz hier im Raum sein. Wenn du soweit bist, dass sich die Augen öffnen möchten, dann lass das einfach geschehen ... Atme dann einmal tief durch! Reck dich und streck dich ...

Das Löwenzahn-Schirmchen und das Papierschiff

(Leichtigkeit)

Mach es dir ganz bequem ... Und schon während du dich noch räkelst, kannst du tief in dir beginnen, ruhiger zu werden ... Und deine Augen können sich schon schließen – oder eine Stelle im Raum suchen, an der sie verweilen möchten, bis sie sich irgendwann schließen wollen ... Und deine Ohren hören vielleicht Geräusche um dich ... aus dem Raum ... oder von draußen ... oder anderswoher ... Irgendwann kann jede Bewegung ganz gleichgültig werden und du kannst noch besser zu hören beginnen ... und kannst noch besser zu spüren beginnen, vielleicht deine Augen, das angenehme Gefühl, wenn sie ruhen ... ohne Ziel ... einfach so ... wie man ruhen kann, wenn man eine Geschichte hört ...

In der Ruhe kann eine Treppe sein, die vor dir immer tiefer hinabführt ... immer tiefer hinein in die Ruhe ... Stufe um Stufe geht es hinab in die Ruhe ... Mit jeder Stufe kann die Ruhe in dir größer werden ... Je tiefer du steigst, umso angenehmer kann sich die Ruhe in dir ausbreiten ... Stufe um Stufe geht es weiter hinab in die Ruhe ...

Mit jeder Stufe kann die Bereitschaft in dir größer werden ... zu lauschen ... der Stimme zu folgen ... Stufe um Stufe ... dorthin hinab, wo die Ruhe immer noch größer wird, und deine Bereitschaft ...

Da ist nur die Treppe, du steigst Stufe um Stufe hinab ... Da ist die Ruhe, die immer noch etwas größer werden kann ... Da ist die Bereitschaft zu lauschen, was sich in der Ruhe ereignet ...

Am Ende der Treppe liegt eine Wiese ... Zwischen den Grashalmen blühen Blumen ... Gelb leuchten die Blüten des Löwenzahns ... Manche sind schon zu Pusteblumen geworden, zu silbernen Kugeln aus Schirmchen ... Vielleicht kannst du dir vorstellen, wie sie sich leicht im Wind wiegen ... Vielleicht kannst du dir auch vorstellen, wie du in eine der Kugeln bläst ... und Schirmchen sich lösen ... in den Himmel fliegen ... Die Leichtigkeit der Schirmchen auf ihrem Flug in den Himmel ... die Erde bleibt unter ihnen zurück ... Hoch über den Schirmchen ziehen Wolken ...

Die Schirmchen sind langsam wieder zur Erde getrieben, manche lassen sich schon nieder im Gras der Wiese ... oder im kleinen Wald, der hinter der Wiese liegt ...

Eines der Schirmchen ist besonders weit geflogen, bis zum großen Fluss ... Dort landet es sanft auf dem Wasser ... Es legt sich auf das Wasser und treibt ganz ruhig im Strom, über gespiegelten Wolken ... Ein Fisch stupst es mit dem Maul an ... Wellenkreise laufen um das Schirmchen herum ins Weite ... Es treibt weiter, ganz still, auf der Ruhe des Flusses ...

Das Schirmchen treibt an einem Boot vorbei, das am Ufer vertäut ist ... Neben dem Boot sitzen zwei Kinder ... Sie haben ein kleines Floß dabei, das sie zu Hause gebastelt haben, mit Zweigen und Schnüren ... Das setzen sie nun auf das Wasser. Ein Kind hält es fest ... Das andere setzt ein Papierschiff daneben ... Zusammen lassen sie los ... Das Papierschiff und das Floß stoßen ein Mal zusammen und werden dann von der Strömung des Flusses mitgenommen ... Nebeneinander schwimmen sie auf dem Wasser ... ganz leicht ...

Die Kinder am Ufer freuen sich und gehen ihnen ein Weilchen nach ... Mal erwischt das Floß eine bessere Strömung, mal das Papierschiff ... Nebeneinander treiben sie um die Biegung des Flusses ...

Auf das Papierschiff hat sich eine Libelle gesetzt ... Das Schiffchen schwankt nur ganz leicht unter der leichten Last, dann schwimmt es weiter im Strom des großen Flusses ...

Im Leib der Libelle spielen alle Farben des Regenbogens ... Die Sonne lässt sie aufleuchten und macht alle froh, die sie sehen ... Wenn jemand sich froh fühlt, dann wird ihm auch leicht zu Mute ... er fühlt sich frei und fast ohne Gewicht ... Das Papierschiff ist ganz leicht, und leicht schwimmt es in der Strömung des Flusses ... Die Libelle ist leicht ... Und wird nun noch leichter, als ihre Flügel zu schlagen beginnen und sie wieder im Himmel verschwindet ...

Im Himmel fliegen Schirmchen von Löwenzahn, eine ganze Wolke ... Vielleicht haben Kinder in die silbernen Kugeln gepustet und die Schirmchen in den Himmel geblasen ... Ganz leicht schweben sie nun über dem Wasser ... Das eine oder andere Schirmchen lässt sich jetzt auf dem Wasser nieder und schwimmt in der Strömung weiter ...

Ein Schirmchen ist in das Papierschiff gefallen ... Da liegt es nun und ruht sich aus von der Reise ... Das Papierschiff treibt noch immer leicht auf dem Fluss ... Auf der Wiese stehen noch viele silberne Kugeln der Pusteblumen ...

Und in der Wiese taucht wieder die Treppe auf, bei den Gräsern und Blumen ... Schritt für Schritt kannst du aufwärts steigen, mit jeder Stufe weiter hinauf, in den wachen Raum deines Lebens ...

Mit jeder Stufe, die du steigst, kannst du spüren, wie du wacher wirst ... Die Bilder vom Löwenzahn-Schirmchen und vom Papierschiff und ihrer Leichtigkeit sind weiter in dir, tief geborgen. Du steigst mit ihnen aufwärts ins Wache, Stufe um Stufe ... Mit jeder Stufe nehmen die Kraft und die Wachheit in dir weiter zu ... Die Leichtigkeit ist immer noch da, tief in dir ... Und eine Freude ...

Wenn du soweit bist, dass sich die Augen öffnen möchten, dann lass das einfach geschehen ... Atme einmal tief durch! Reck dich und streck dich ...

Reise mit den Wolken

(Dinge leicht oder schwer nehmen)

Mach es dir ganz bequem ... Und schon während du dich noch räkelst, kannst du beginnen, angenehm ruhiger zu werden ... Und deine Augen können beginnen, eine Stelle im Raum vor dir zu suchen, an der sie verweilen möchten ... Und während du diese Stelle ansiehst, kann sie zu verschwimmen beginnen ... Und während das geschieht, hören deine Ohren vielleicht Geräusche um dich ... aus dem Raum ... oder von draußen ... oder anderswoher ... Und während du immer noch die Stelle anschaust, kann sie immer gleichgültiger werden ... Und dann kann es gut sein, dass du, irgendwann, die Augen schließen möchtest und dass es sich gut anfühlt, die Augen zu schließen, so wie man die Augen schließt, um eine Geschichte zu hören ...

Stell dir vor, dass du in einer Hängematte liegst ... Die Hängematte schaukelt ganz leicht, fast unmerkbar ... angenehm ... Du kannst dich in ihr geborgen fühlen ... Stell dir vor, wie das Schaukeln der Hängematte ein wenig stärker wird ... angenehm ... Vielleicht schaukelt die Hängematte im Rhythmus deines Atems hin und her ... Vielleicht kannst du die Ruhe der Hängematte spüren. Und die Ruhe in dir ... Wie sie immer noch ruhiger wird ... Wie sie in dir wächst ... Mit jedem Hin und Her kann die Ruhe in dir wachsen ... Mit jedem Hin und Her kannst du noch tiefer in die Ruhe gleiten ...

Noch tiefer in die Ruhe gleiten, wie der Wind über das Gras gleitet, angenehm ... Wie der Wind durch den Himmel weht ... Die weißen, bauchigen Wolken lassen sich tragen vom Wind ... Um sie ist es windstill, denn weil er sie trägt, sind sie so schnell wie der Wind ... Aber vielleicht hören sie die Geräusche des Windes ... oder Geräusche, die von der Erde kommen ... Was für Geräusche das sind, wissen die Wolken allein ... oder jemand, der mit den Wolken reist ...

Ob sie die Autos hören, die auf der Erde fahren? ...

Ob sie Vögel hören, die in den Bäumen der Erde sitzen und singen? ...

Ob sie das Geräusch von Flügeln der Vögel hören, die sich in den

Himmel aufgeschwungen haben? ...

Ob sie die Kühe auf der Weide muhen hören? ...

Ob sie Menschenstimmen hören, aus dieser Ferne? ...

Wenn sie ganz nah sind, dann klingen die Stimmen der Menschen sehr wichtig ... Aber wenn sie weit weg sind, verlieren sie ihre Wichtigkeit und werden immer leiser und unwichtiger ...

Vielleicht kannst du spüren, wie die Stimmen leichter werden ... Sie fliegen nun auch mit dem Wind ... mit den Wolken ...

Vielleicht ist es möglich, selbst leichter zu werden, wenn man sich Stimmen, die nahe sind, weit weg vorstellt ... Oder wenn man sich Gesichter, die nahe sind, weit weg vorstellt ...

Vielleicht ist es manchmal gut, leicht zu werden ... Vielleicht ist es manchmal gut, etwas schwer zu nehmen ... Aber wann es gut ist, die Dinge klein zu machen und wann es gut ist, die Dinge schwer zu nehmen, weiß der Schmetterling nicht ... Das wissen nur wir selbst, wenn wir darüber nachdenken ... Weil wir uns Dinge vorstellen können ... Weil wir uns vorstellen können, was passieren wird ... wenn wir etwas leicht nehmen ... oder wenn wir es schwer nehmen ...

Die Leichtigkeit ist gut ... aber manchmal ist die Schwere besser ... Und manchmal wieder die Leichtigkeit ...

Auch die Wolken werden manchmal schwer ... Dann geht ein Regen auf die Erde nieder und tränkt die Wälder und Felder und Gärten ... Dann wachsen die durstigen Gräser wieder ... und auch die Tiere haben zu trinken ...

So sind die Wolken mal leicht und mal schwer ... Denn die Leichtigkeit ist immer gut ... aber es ist gut zu wissen, wann man etwas schwer nehmen muss, damit es wieder leichter werden kann ...

Auch unser Atem ist leicht ... Er strömt ein und aus, ein und aus, ganz ruhig und gleichmäßig, ganz von allein ... Wir atmen die Luft ... den Himmel ... Wenn wir darauf achten, dann kann uns das leicht machen ... Der Atem ist ganz einfach und frei ...

Stell dir wieder die Hängematte vor, ihr leichtes Schaukeln ... Mit jedem Schaukeln kannst du spüren, wie die Kraft in dir stärker wird, wie du immer mehr in den Raum zurückkommst ... Die Freude ist immer noch da ... Du spürst vielleicht, wie die Kraft in dir stärker wird. Dein Atem kann nun schneller und tiefer werden, du kannst Kraft mit ihm sammeln und dich vorbereiten, gleich wieder ganz klar und wach zu sein ... Achte auf die Geräusche im Raum ... Die Freude ist immer noch da ...

Nun kannst du wieder ganz hier im Raum sein. Wenn du soweit bist, dass sich die Augen öffnen möchten, dann lass das einfach geschehen ... Atme dann einmal tief durch! Reck dich und streck dich ...

Gesichter

(Es sich „leichter“ machen)

Mach es dir ganz bequem ... Während du dich noch räkelst, kannst du beginnen, angenehm ruhiger zu werden ... Und deine Augen können beginnen, eine Stelle im Raum vor dir zu suchen, an der sie verweilen möchten ... Und während du diese Stelle ansiehst, kann sie zu verschwimmen beginnen ... Und deine Ohren hören vielleicht Geräusche um dich ... aus dem Raum ... oder von draußen ... oder anderswoher ... Und während du immer noch die Stelle anschaust, kann sie immer gleichgültiger werden ... Und dann kann es gut sein, dass du, irgendwann, die Augen schließen möchtest und dass es sich gut anfühlt, die Augen zu schließen, so wie man die Augen schließt, um eine Geschichte zu hören ...

Stell dir vor, dass du auf einer Luftmatratze liegst. Die Luftmatratze schaukelt leicht auf dem Wasser ... Du kannst dich auf ihr geborgen fühlen ... Stell dir vor, wie das Schaukeln der Luftmatratze ein wenig stärker wird ... angenehm ... Vielleicht schaukelt die Luftmatratze im Rhythmus deines Atems auf und ab ... Vielleicht kannst du die Ruhe auf der Luftmatratze spüren. Und die Ruhe in dir ... Wie sie immer noch ruhiger wird ... Wie sie in dir wächst ... Mit jedem Auf und Ab kann die Ruhe in dir wachsen ... Mit jedem Auf und Ab kannst du noch tiefer in die Ruhe gleiten ...

In der Ruhe können Bilder erscheinen ... im Auf und Ab ... wie auf Wellen ... Sie können entstehen und wieder vergehen ... Wenn auch manche bleiben wollen, für eine Weile ... Bilder über die Leichtigkeit ... auf der Luftmatratze ... oder über die Leichtigkeit der Luft ... die so manches trägt ... die Vögel zum Beispiel ... oder die Samenschirmchen des Löwenzahns ... vielleicht auch einen Luftballon ... der einen Zettel angebunden hat und mit ihm in den Himmel steigt ...

Der Duft des Himmels muss auch ganz leicht sein ... oder der Duft des Wassers ... weil sie schweben können ... Ein Stück Papier in der Luft ist leicht, auch wenn es fällt, auch wenn es langsam zu Boden sinkt und dann auf dem Boden liegt, leicht ...

Vielleicht hat ein Kind das Stück Papier fallengelassen ... Das Kind kann auch leicht sein, wenn es lacht ... Wenn es aber traurig ist, dann fühlt es sich eher schwer ... So wie die alte Frau erzählte, dass es jemand „schwer im Leben“ gehabt habe ... Jemand anders hat es vielleicht leicht ... Ich weiß nicht, warum der eine es schwer und der andere leicht hat, aber vielleicht kannst du ihre Gesichter sehen ...

Vielleicht kannst du dir ein Gesicht vorstellen, das es „schwer im Leben“ hat ... Und vielleicht kannst du versuchen, das Gesicht so zu verändern, dass es leicht wird ... leicht im Leben ... Vielleicht ändert sich, wenn sich das Gesicht verändert, auch ein bisschen das Leben ... Vielleicht, wenn das Gesicht auf das Leichte ringsum schaut, dass es dann etwas leichter wird ...

Vielleicht fallen dir noch andere Dinge ein, die es leichter machen ... Aber manchmal, wenn einer sich etwas leicht macht, wird es erst leichter ... aber ein bisschen später wird es dann umso schwerer ... Vielleicht kennst du das selbst ... Vielleicht heißt, „es sich leichter machen", dass es *immer* leichter ist ... schon bald .. und später auch noch ... Vielleicht lächelt das Gesicht dann, wenn es darauf geachtet hat, dass es später auch leicht bleibt ... Und vielleicht ist das Gesicht dann traurig, wenn es sich etwas leicht gemacht hat, aber wusste, dass es dafür später schwerer wird ...

Aber jetzt kann das Gesicht einfach lächeln ... Lächeln, weil es schön ist zu lächeln ... Oder weil ein Vogel singt und es schön ist, ihm einfach zuzuhören, alles andere kurz ruhen zu lassen und dem Vogel einfach zuzuhören ... Oder weil jemand anderes lächelt, den man mag ... und es schön ist und einen freut, jemanden lächeln zu sehen ... besonders, wenn man ihn mag ...

Die Freude kann kommen, wenn etwas Schönes passiert ... Aber eigentlich ist sie immer schon da, tief in dir selbst ... Da ist die Freude wie ein tiefer Grund ... den man manchmal spürt ... und manchmal nicht ... Aber den man immer spüren kann, wenn man auf ihn achtet ... Tief in dir selbst ...

Stell dir wieder die Luftmatratze vor, ihr leichtes Schaukeln ... Mit jedem Schaukeln kannst du spüren, wie die Leichtigkeit in dir zunimmt, wie du immer mehr in den Raum zurückkommst ... Die Freude ist immer noch da ... Du spürst vielleicht, wie die Leichtigkeit in dir noch zunimmt. Dein Atem kann nun schneller und tiefer werden, du kannst Kraft mit ihm sammeln und dich vorbereiten, gleich wieder ganz klar und wach zu sein ... Achte auf die Geräusche im Raum ... Die Freude ist immer noch da ...

Nun kannst du wieder ganz hier im Raum sein. Wenn du soweit bist, dass sich die Augen öffnen möchten, dann lass das einfach geschehen ... Atme dann einmal tief durch! Reck dich und streck dich ...

Im Garten

(Leichtigkeit und Freude)

Mach es dir ganz bequem ... Und schon während du dich noch räkelst, kannst du beginnen, angenehm ruhiger zu werden ... Und deine Augen können beginnen, eine Stelle im Raum vor dir zu suchen, an der sie verweilen möchten ... Und während du diese Stelle ansiehst, kann sie zu verschwimmen beginnen ... Und deine Ohren hören vielleicht Geräusche um dich ... aus dem Raum ... oder von draußen ... oder anderswoher ... Und während du immer noch die Stelle anschaust, kann sie immer gleichgültiger werden ... Und dann kann es gut sein, dass du, irgendwann, die Augen schließen möchtest und dass es sich gut anfühlt, die Augen zu schließen, so wie man die Augen schließt, um eine Geschichte zu hören ...

Stell dir eine Blume vor, eine Blume die dir gut gefällt. Lass sie vor deinem inneren Auge erscheinen und betrachte alle Einzelheiten ... Es ist möglich, dass deine Blume eine Farbe hat, oder mehrere Farben. Stell dir auch die Farbe genau vor ... Vielleicht kannst du die Ruhe der Blume empfinden. Wenn du in dich selbst hineinhörst, vielleicht kannst du dann beginnen, diese Ruhe auch in dir selbst zu finden ... und spüren, wie sie tiefer wird ...

Stell dir die Blütenblätter der Blume vor, ob sie glatt oder gefaltet sind ... Vielleicht kannst du dir sogar vorstellen, ein Blütenblatt zu berühren ... und spüren, wie sich das anfühlt, weich oder fest oder beides oder irgendwie anders ... Vielleicht kannst du dir sogar den Duft der Blume vorstellen, ganz in dir selbst ... Wo die Ruhe immer noch tiefer wird ...

Um die Ruhe der Blume erstreckt sich der Garten ... Im Garten stehen Büsche und Bäume – und noch andere Blumen ... Vielleicht kannst du zwischen den Gräsern die kleinen Gänseblümchen entdecken ... und an der Hauswand die Rosen ... und noch viele andere Blumen ...

Wenn jemand ganz besondere Augen hätte, dann könnte er zwischen den Blumen ein Netz sehen ... ein ganz besonderes Netz, aus den Spuren der Bienen ... Die Bienen fliegen von Blume zu Blume und sammeln dort den Nektar für ihren Stock ... da machen sie Honig daraus ...

Und die Spuren der Bienen in der Luft, wenn die sichtbar sein könnten, für ganz besondere Augen, die bilden über dem Garten ein Netz ... aus Leichtigkeit und Freude ...

Vielleicht siehst du eine Biene, wie sie durch den Garten summt, leicht in der Luft, und sich an den Blumen freut ... an ihren Farben ... an ihrem Duft ... aber ganz besonders an der Süße des Nektars in ihren Blüten ...

Die Freude der Biene wird getragen von ihrer Leichtigkeit ... In der Leichtigkeit summt die Freude der Biene ...

Wenn ein Kind dort am Haus steht, sieht es vielleicht das Netz der Spuren mit seinen besonderen Augen ... Und es sieht eine Biene fliegen und freut sich an ihrer Freude mit ... So wächst die Freude ...

Und das Kind freut sich am leichten Flug der Biene ... und fühlt sich selbst leicht ... noch nicht so leicht, dass es fliegen kann ... aber leichter als vorher, bevor es die Freude der Biene sah ...

Ob das Kind wohl ganz besondere Augen braucht, um noch anderswo im Garten die Freude und Leichtigkeit zu entdecken? ...

Vielleicht im Birnbaum, in dessen Blättern gerade der Wind rauscht ... Ist dort nicht ein Nest verborgen? Wenn der Wind die Zweige biegt, sieht man es ... Da strecken sich ein paar Schnäbel von Küken in den Wind und wollen Essen ... Ein Altvogel kommt federleicht angeschwirrt und stopft ihnen etwas in den Schlund ... Und schon ist der Vogel wieder im Himmel verschwunden ...

Und da ist eine Amsel, die auf dem Dachfirst hockt und ihr Lied singt ... Leicht schwingt es bis in die Nachbargärten ... Wie schwer wohl das Gewicht eines Tons ihres Liedes ist? ... Und das Gewicht des ganzen Liedes? ... Ob es vielleicht so schwer wie das Gewicht der Erde ist, die auch ganz leicht ist ... obwohl manche Dinge auf ihr schwer sein können ... Aber die ganze Erde ist leicht ...

Langsam kehrst du nun zurück in den Raum ... Die Ruhe ist weiter in dir. Und die Leichtigkeit ... Du spürst vielleicht, wie die Freude in dir stärker geworden ist. Dein Atem kann nun schneller und tiefer werden ... Achte auf die Geräusche im Raum ... Die Ruhe ist immer noch da ...

Nun kannst du wieder ganz hier im Raum sein. Wenn du soweit bist, dass sich die Augen öffnen möchten, dann lass das einfach geschehen ... Atme dann einmal tief durch! Reck dich und streck dich ...

Schatz der Freude

(Freude)

Mach es dir bequem ... Und schon Während du dich noch räkelst, kannst du beginnen, angenehm ruhiger zu werden ... Und deine Augen können beginnen, eine Stelle im Raum vor dir zu suchen, an der sie verweilen möchten ... Und während du diese Stelle ansiehst, kann sie zu verschwimmen beginnen ... Und während das geschieht, hören deine Ohren vielleicht Geräusche um dich ... aus dem Raum ... oder von draußen ... oder anderswoher ... Und während du immer noch die Stelle anschaust, kann sie immer gleichgültiger werden ... Und dann kann es gut sein, dass du, irgendwann, die Augen schließen möchtest und dass es sich gut anfühlt, die Augen zu schließen, so wie man die Augen schließt, um eine Geschichte zu hören ...

Wenn du darauf achten willst, spürst du deinen Atem gehen, ein und aus, ein und aus, ganz ruhig und gleichmäßig, ganz von allein ... Du spürst, dass es ganz einfach sein kann, auszuatmen und beim Ausatmen die Luft loszulassen, dass sie einfach im Raum verschwindet ...

Und während der Atem in dir immer wieder neu entsteht und vergeht, könnte es in dir immer ruhiger werden ... Da könnte in dir eine gute Ruhe entstehen, in der Bilder aufsteigen und Platz haben, sich zu entfalten ... So kann es ganz einfach sein, eine Weile in Bildern zu leben ...

Vielleicht kannst du an etwas denken, das dich freut ... Vielleicht an etwas, das so passiert ist ... so passiert, dass es dich gefreut hat ... und bei dem du dich, jetzt, wo du dich daran erinnerst, noch ein Mal freust ... und vielleicht auch spürst, dass ‚noch ein Mal freuen' eigentlich bedeutet, dass die Freude immer schon da war und du dich bloß an sie zu erinnern brauchtest, damit sie wiederkommt ...

Was immer es ist, dass dir einfällt, vielleicht etwas Großes, vielleicht etwas, das ganz klein ist, ganz wenig, bis auf die Freude, die es bringt ... Was immer es auch ist, die Freude deshalb ist gut ... Vielleicht färbt sie sich ein bisschen, wenn du dir verschiedene Dinge überlegst, die Freude gemacht haben, ein bisschen dunkler das eine Mal, ein bisschen heller das andere Mal ...

So wie es ja auch ‚Schadenfreude' gibt und ‚Mitfreude' ... Die ‚Schadenfreude' ist dann wahrscheinlich ein bisschen dunkler und die ‚Mitfreude' ein bisschen heller ... ‚Freude' ist es aber beides ... Und vielleicht ist das mit ‚heller' und ‚dunkler' auch gar nicht zu spüren oder ganz anders ... außer der Freude, die auf jeden Fall da ist, wenn du dich freust ...

Vielleicht ist es möglich, die Freude in sich selbst stärker zu machen – oder überhaupt erst zu spüren –, indem man an etwas Freudiges denkt ... Aber auch das Denken an andere Dinge kann vielleicht die Freude größer machen. Ich weiß nicht, was für Dinge dir dabei einfallen ... aber vielleicht wird man auch froh, wenn man nur an Menschen denkt, die man sehr mag ... wenn man sich Menschen vorstellt, die man mag ... ihr Gesicht, ihre Augen, ihr Lachen ...

Die Freude ist also etwas, das sich verändern kann ... das größer werden kann, wenn man an sie denkt ... oder kleiner, wenn man sie vergisst ... Obwohl eigentlich niemand die Freude vergessen will ... denn die Freude ist schön ... Aber außer der Freude gibt es eben noch anderes, das keine Freude macht oder sogar Freude vertreibt ... das nicht so schön ist, aber auch da ist ... und auch wichtig sein kann ... das die Freude dann verdeckt, sich über die Freude legt, so dass sie nicht mehr zu spüren ist ...

Außer vielleicht, man denkt daran ... Man denkt bei etwas ganz Schwerem, Wichtigem, das keine Freude macht, auch an etwas, das Freude gemacht hat ... oder noch Freude macht ... Vielleicht, dass die Freude dann aufscheint, wie die Sonne manchmal im Fenster ... Obwohl die Freude innen ist ...

Wenn die Freude eher hell als dunkel ist, ist sie dann eher leicht oder eher schwer? ... Vielleicht eher leicht, weil man manchmal vor Freude einen Satz in die Luft machen könnte ... Oder doch eher schwer? ... Wie so ein Schatz, den man hat ... tief in sich? ... Einen Schatz, an dem man sich freuen kann ...

Die Leichtigkeit ist meistens ruhig ... Aber die Freude kann auch schnell machen ... dass man rennen möchte ... dass das Herz eher schnell pocht als langsam ... Aber eine ruhige Freude gibt es auch ... Vielleicht spürst du sie manchmal ... und wahrscheinlich spürst du dann auch, dass in einer ruhigen Freude alles besser klappt ... Dass in einer ruhigen Freude manchmal Dinge gelingen, die sonst schwer sind ... So kann die Freude sich nicht nur gut anfühlen, sondern sie hilft auch ... wenn wir in uns hineinspüren und die Freude großmachen ...

Vielleicht sollten deshalb alle Menschen ab und zu die Freude in sich groß machen ... sollten sie wachsen lassen ... indem sie an die Freude denken und sie in sich vorstellen, wie einen Schatz ...

Wenn du darauf achtest, spürst du noch immer den Atem in dir ... Dein Atem geht ein und aus, ein und aus, ganz ruhig und gleichmäßig, ganz von allein ...

Langsam kehrst du zurück in den Raum ... Die Ruhe ist weiter in dir ... Und die Freude ... Und die Kraft ... Du spürst vielleicht, wie die Kraft in dir stärker geworden ist ... Dein Atem kann nun schneller und tiefer werden ... Achte auf die Geräusche im Raum ... Die Ruhe ist immer noch da ...

Nun kannst du wieder ganz hier im Raum sein. Wenn du soweit bist, dass sich die Augen öffnen möchten, dann lass das einfach geschehen ... Atme dann tief durch! Reck dich und streck dich ...

Seifenblasen

(Leichtigkeit)

Mach es dir ganz bequem ... Und schon während du dich noch räkelst, kannst du beginnen, angenehm ruhiger zu werden ... Und deine Augen können beginnen, eine Stelle im Raum vor dir zu suchen, an der sie verweilen möchten ... Und während du diese Stelle ansiehst, kann sie zu verschwimmen beginnen ... Und deine Ohren hören vielleicht Geräusche um dich ... aus dem Raum ... oder von draußen ... oder anderswoher ... Und während du immer noch die Stelle anschaust, kann sie immer gleichgültiger werden ... Und dann kann es gut sein, dass du, irgendwann, die Augen schließen möchtest und dass es sich gut anfühlt, die Augen zu schließen, so wie man die Augen schließt, um eine Geschichte zu hören ...

Ich weiß nicht, ob du dir eine Kugel vorstellen kannst ... eine Kugel aus guter, heller Energie ... Die Kugel kannst du vor dir schweben lassen und sie dabei betrachten ... und freundlich machen ... und stark ... Und wenn sie dir richtig gut gefällt, dann kannst du sie in deinen Körper schweben lassen ... Und du kannst dir vorstellen, wie sich die Kugel in deinem Körper bewegt und überall um sich herum Ruhe und Leichtigkeit verbreitet ...

Vielleicht kannst du deinen starken Arm spüren ... und dir die Kugel in ihm vorstellen, die sich unsichtbar bewegt, geheimnisvoll, und um sich herum Ruhe und Leichtigkeit verbreitet ... Vom Arm schwebt die Kugel zu deiner Schulter und verbreitet dort Ruhe und Leichtigkeit ... und sie schwebt den anderen Arm hinunter, wo sie die Ruhe und Leichtigkeit noch stärker werden lässt ... Und hinauf in den Kopf, wo sie Ruhe ausstrahlt, wo die Gedanken zur Ruhe kommen dürfen ... Und hinunter zum Bauch, wo es ruhig wird und warm ... Und in ein Bein hinein, wo sich die Ruhe und die Leichtigkeit verbreiten, wo die Kugel alles um sich herum noch ruhiger macht ... Und hinab in das andere Bein, in die Ruhe und Leichtigkeit, die immer noch stärker werden ... Und langsam gleitet die Kugel wieder zu deinem Bauch, wo sie die Ruhe und Leichtigkeit immer noch weiter verbreitet, wo die Ruhe und Leichtigkeit weit hinausstrahlt in alle Teile deines Körpers ... Vielleicht kannst du die Ruhe und Leichtigkeit der Kugel spüren und die Ruhe und Leichtigkeit, die sie um sich verbreitet ... Es ist die Ruhe und Leichtigkeit in dir ...

Während die Kugel in dir Ruhe und Leichtigkeit verbreitet, kannst du dir vielleicht noch anderes vorstellen ... andere Kugeln ... auch ganz leicht ... Seifenblasen, die ein Kind gerade gepustet hat und die nun in den Himmel schweben, während das Kind hinter dem Blasring mit offenem Mund hinterherschaut ...

Manche der Seifenblasen sind klein, andere groß ... alle schillern in den Regenbogenfarben und schweben leichthin durch die Luft ...

Eine Seifenblase platzt ... Die in der Seifenblase eingeschlossene Luft wird frei und vereint sich mit der Luft des Himmels ... Nacheinander platzen alle Seifenblasen und geben ihre Luft wieder frei ... nur eine ganz kleine Seifenblase schwebt davon, bis sie nicht mehr zu sehen ist ...

Die Luft liegt leicht auf dem Land ... Sie lässt sich vom Wind ein bisschen spazierenführen, über die Wiesen und Felder ... durch den Wald ... sogar in eine Siedlung ...

In der Luft ist einiges los ... Schmetterlinge flattern dort ... Vögel fliegen ... Marienkäfer ... kurz ist da ein springendes Heupferd ... allerlei Flaumsamen von Disteln und Bäumen treiben hier ... Schirmchen vom verblühten Löwenzahn ... sogar ein Luftballon ist aus der Siedlung aufgestiegen, zu den Wolken ... Und über den Wolken ziehen die weißen Streifen der Flugzeuge ... Alle freuen sich an der Leichtigkeit der Luft ...

Im Zoo steht ein Elefant und atmet zufrieden. „Wenn ich an etwas

Leichtes denke, dann werde ich selbst leichter", murmelt er gerade. „Dass ich nur nicht zu leicht werde und davonfliege!"

Das Nilpferd grunzt. Daran hat es noch gar nicht gedacht. Die Affen lachen und springen leicht vom Kletterbaum auf den Boden.

Dieselbe leichte Luft liegt auch über der Siedlung.

„Sehen kann man die Luft nicht", sagt gerade am Fenster eines Hauses eine Frau zu einem Mann, „außer, sie ist staubig oder schmutzig ... Aber dann sieht man eigentlich auch nicht die Luft, sondern den Staub oder den Schmutz in der Luft." ...

„Alles Wichtige ist unsichtbar", sagt der Mann. Sie schließen das Fenster ...

Die Luft ist in der ganzen Welt vor dem Fenster. Aber sie ist auch im Haus geblieben. Sie ist überall und macht alles ein wenig leichter ... Die Luft ist im Atem der Menschen ... Sie geht ein und aus, ein und aus, ganz ruhig und gleichmäßig, ganz von allein ...

Alle Menschen sind durch die leichte Luft miteinander verbunden ... wenn sie sich gern haben ... und wenn sie sich streiten ... Sie atmen dieselbe Luft ... Sie atmen den Himmel ...

Und da, in der Luft vor dem Fenster, treibt wieder eine Seifenblase ... Das Fenster spiegelt sich in ihr ... Ob es dieselbe ist, die vorher von einem Kind geblasen wurde? ... Um die Haut der Seifenblase brandet der Gesang eines Vogels ... Sie wird fast geschüttelt von diesem leichten Lied ...

Stell dir wieder die Kugel in deinem Körper vor, wie sie nun Kraft und Wachheit verbreitet, Frische, in deinem Arm ... sie gleitet vom Arm durch die Schulter in den anderen Arm, verbreitet Kraft und Frische ... und nun auch in deinem Kopf ... Stell dir vor, wie die Kugel durch deinen ganzen Körper gleitet und Kraft und Frische verbreitet ... in deinem Bauch ... in den Beinen ... Du sammelst Kraft und bereitest dich vor, gleich wieder ganz klar und wach zu sein ...

Achte auf die Geräusche im Raum ... Die Ruhe und die Leichtigkeit und die Frische sind immer noch da ...

Nun kannst du wieder ganz hier im Raum sein. Wenn du soweit bist, dass sich die Augen öffnen möchten, dann lass das einfach geschehen ... Atme dann einmal tief durch! Reck dich und streck dich ...

Die kleine Insel im See

(Leichtigkeit, Freude)

Mach es dir ganz bequem ... Während du dich noch räkelst, kannst du beginnen, angenehm ruhiger zu werden ... Und deine Augen können beginnen, eine Stelle im Raum vor dir zu suchen, an der sie verweilen möchten ... Und während du diese Stelle ansiehst, kann sie zu verschwimmen beginnen ... Und während das geschieht, hören deine Ohren vielleicht Geräusche um dich ... aus dem Raum ... oder von draußen ... oder anderswoher ... Und während du immer noch die Stelle anschaust, kann sie immer gleichgültiger werden ... Und dann kann es gut sein, dass du, irgendwann, die Augen schließen möchtest und dass es sich gut anfühlt, die Augen zu schließen, so wie man die Augen schließt, um eine Geschichte zu hören ...

Stell dir vor, dass du auf einer Luftmatratze liegst. Die Luftmatratze schaukelt leicht auf dem Wasser ... Du kannst dich auf ihr geborgen fühlen ... Stell dir vor, wie das Schaukeln der Luftmatratze ein wenig stärker wird ... angenehm ... Vielleicht schaukelt die Luftmatratze im Rhythmus deines Atems auf und ab ... Vielleicht kannst du die Ruhe auf der Luftmatratze spüren. Und die Ruhe in dir ... Wie sie immer noch ruhiger wird ... Wie sie in dir wächst ... Mit jedem Auf und Ab kann die Ruhe in dir wachsen ... Mit jedem Auf und Ab kannst du noch tiefer in die Ruhe gleiten ...

In der Ruhe können Bilder erscheinen ... im Auf und Ab ... wie auf Wellen ... Sie können entstehen und wieder vergehen ... Bilder über die Leichtigkeit ... auf der Luftmatratze ...

Es ist dir vielleicht möglich, dir vorzustellen, dass die Luftmatratze auf einem See liegt ... Leicht liegt sie auf dem warmen Wasser des Sees, nicht weit von einer kleinen Insel ...

Der See schaukelt die Luftmatratze ganz leicht ... Die Luftmatratze schaukelt den See ganz leicht ... Sie schaukeln einander ganz leicht ... Das leichte, fast unmerkbare Schaukeln der Luftmatratze ist angenehm ...

Wenn die Luftmatratze auf dem Sandstrand der kleinen Insel aufläuft, kannst du sie verlassen und dir die Insel anschauen ... Schritte durch den warmen, weichen Sand ... Ein angenehm warmer Wind weht ... Lieder von Vögeln klingen in der gläsernen Luft ... Schöne Lieder, die du noch nie gehört hast ... Es ist die Insel der Fantasie ...

Auf einem Baum sitzt ein Papagei und schaut zu dir herunter ... Wenn du ihm etwas vorsprichst, spricht er es nach ... ganz leicht ... vielleicht musst du lächeln ... oder lachen ... Der Papagei versucht das auch ...

Ein Weg geht den Hügel hinauf. Du kommst an Bäumen mit Früchten vorbei, die du noch nie gesehen hast ... Ein Schmetterling flattert dir über den Weg ...

Auf dem Hügel wächst nur Gras ... grünes Gras ... und hier und da stehen Pusteblumen, die dem warmen Wind Schirmchen mitgeben ... Leicht treiben die Schirmchen über die Insel ...

Am höchsten Punkt kannst du rundum über die Insel schauen ... Unten der Urwald, durch den dein Pfad ging ... Auch ein hoher Berg ist auf der Insel ... Um seinen Gipfel ballen sich Wolken ... Der Himmel aber ist blau ... Nur hier und da treibt eine weiße Wolke ... die das Blau noch tiefer macht ...

Der Himmel über deiner Insel weiß bestimmt, was Freude ist ... Wenn du in ihn schaust, in das Blau, spürst du sie vielleicht auch schon ... Obwohl Freude gar nicht am Himmel ist, sondern in einem selbst ... Trotzdem kann die Freude in einem aufsteigen ...

Freude kann in einem aufsteigen, wenn man in den Himmel schaut ... oder auf etwas schaut, das einem gefällt oder das man mag ... Freude kann auch in einem aufsteigen, wenn man etwas tut, das man mag ... oder wenn etwas, das man wollte, gut geklappt hat ... Freude kann auch in einem aufsteigen, wenn man mit Menschen zusammen ist, die man mag ...

Eigentlich ist die Freude immer da, tief in einem selbst ... Vielleicht muss sie aber ab und zu geweckt werden, damit wir an sie denken ... und uns mit ihr freuen ... Dann kann die Freude aufsteigen und in uns stärker werden ... wenn wir uns an sie erinnern ...

Stell dir wieder die Luftmatratze vor, ihr leichtes Schaukeln auf dem See der Insel ... Mit jedem Schaukeln kannst du spüren, wie die Leichtigkeit in dir zunimmt, wie du immer mehr in den Raum zurückkommst ... Die Freude ist immer noch da ... Du spürst vielleicht, wie die Leichtigkeit in dir noch zunimmt. Dein Atem kann nun schneller und tiefer werden, du kannst Kraft mit ihm sammeln und dich vorbereiten, gleich wieder ganz klar und wach zu sein ... Achte auf die Geräusche im Raum ... Die Freude ist immer noch da ...

Nun kannst du wieder ganz hier im Raum sein. Wenn du soweit bist, dass sich die Augen öffnen möchten, dann lass das einfach geschehen ... Atme dann einmal tief durch! Reck dich und streck dich ...

Konzentration

Konzentrationsprobleme nehmen seit Jahren zu. Je mehr Erziehungsaufgaben der Kindergarten und die Vorschule übernehmen, umso häufiger finden sich entsprechende Klagen schon dort. Und in der Schule sowieso.

Dieses Kapitel enthält einige Trance-Geschichten zur Förderung von Grundlagen der Konzentration. Konzentration meint die auf eine bestimmte Aufgabe zugespitzte Aufmerksamkeit. Verwandt ist sie der Achtsamkeit, die sich als breite, nicht zugespitzte Aufmerksamkeit und ein Vorherrschen der Wahrnehmung kennzeichnen lässt. Achtsamkeit ist damit eine der Vorbedingungen der Konzentration.

Die Aufgabe überhaupt erst richtig wahrzunehmen, ist für eine angemessene Konzentration unverzichtbar. Dazu ist eine Sensibilisierung von Hören und Sehen wichtig. Aufmerksamkeitsgestörte Kinder haben oft bereits Probleme damit, richtig zuzuhören und das Problem selbst zu beschreiben.

Auch reagieren sie oft zu schnell. Die eigene Reaktion zu verzögern, so dass für die richtige Wahrnehmung und das Durchdenken des Problems mehr Zeit bleibt und nicht nur spontan nach dem ersten Eindruck gehandelt wird, ist ein weiterer Aspekt.

Diese Sensibilisierung der Wahrnehmung und die Reaktionsverzögerung nehmen einen breiten Raum in den Trance-Geschichten ein. Außerdem geht es um Planung, Überprüfung und – gleichfalls sehr wichtig – Motivation.

Diese Themen werden in den Trance-Geschichten behandelt. Vieles dort Angesprochene lässt sich gut in den Alltag übertragen. Darüber sollte nach den Geschichten mit dem Kind gesprochen werden.

Flix holt sich eine Nuss

Mach es dir ganz bequem ... Und schon während du dich noch räkelst, kannst du tief in dir beginnen, ruhiger zu werden ... Und deine Augen können sich schon schließen – oder eine Stelle im Raum suchen, an der sie verweilen möchten, bis sie sich irgendwann schließen wollen ... Und deine Ohren hören vielleicht Geräusche um dich ... aus dem Raum ... oder von draußen ... oder anderswoher ... Irgendwann kann jede Bewegung ganz gleichgültig werden und du kannst noch besser zu hören beginnen ... und kannst noch besser zu spüren beginnen, vielleicht deine Augen, das angenehme Gefühl, wenn sie ruhen ... ohne Ziel ... einfach so ... wie man ruhen kann, wenn man eine Geschichte hört ...

In der Ruhe kann eine Treppe sein, die vor dir immer tiefer hinabführt ... immer tiefer hinein in die Ruhe ... Stufe um Stufe geht es hinab in die Ruhe ... Mit jeder Stufe kann die Ruhe in dir größer werden ... Je tiefer du steigst, umso angenehmer kann sich die Ruhe in dir ausbreiten ... Stufe um Stufe steigst du weiter hinab in die Ruhe ...

Mit jeder Stufe kann die Bereitschaft in dir größer werden ... zu lauschen ... der Stimme zu folgen ... Stufe um Stufe ... dorthin hinab, wo die Ruhe immer noch größer wird, und deine Bereitschaft ...

Da ist nur die Treppe, Stufe um Stufe steigst du hinab ... Da ist die Ruhe, die immer noch etwas größer werden kann ... Da ist die Bereitschaft zu lauschen, was sich in der Ruhe ereignet ...

Die Treppe endet auf einer Wiese ... Das Eichhörnchen Flix schaut am Waldrand über die Wiese hinüber zum Haus ... Alexander und Emma sitzen dort an einem Gartentisch ... „Konzentriert euch doch mal!", hört Flix eine Stimme aus dem Haus rufen ... „Je besser ihr euch konzentriert, umso schneller seid ihr mit den Hausaufgaben fertig!" ...

Flix springt über die Wiese zu den Kindern ... Die kennen es schon ... und haben eine Haselnuss für es auf den Tisch gelegt ... Flix springt hinauf, schnappt sich die Nuss, rennt blitzeschnell zum Apfelbaum und huscht den Stamm hinauf ... Aus seinem Blätterversteck lugt das Eichhörnchen auf die Kinder hinab ...

„Das *war* blitzeschnell", sagt Emma. „So konzentriert möchte ich auch mal rechnen!" ...

„Aber konzentriert ist nicht einfach schnell, sondern, sondern ..." Alexander spielt mit dem Stift ...

„Sondern *auf-merk-sam*", sagt Emma betont langsam.

„Und *genau*", sagt Alexander.

„Und die Nuss hat Flix ja auch ganz genau bekommen", sagt Emma. „Ich wollte, ich könnte das auch."

„Vielleicht kann man das lernen", meint Alexander, „wie Mathe."

„Ich kann das nicht", sagt Emma und legt ihren Stift weg.

„Wenn wir aber wissen, was wir nicht können, dann wissen wir doch schon etwas. Und dann werden wir auch mehr wissen", behauptet Alexander.

„Was kann denn Flix?", fragt Emma.

„Nüsse holen", sagt Alexander und lacht.

„Also gut sehen, dass da eine Nuss ist", meint Emma.

„Flix kann gut achtgeben, was geschieht", sagt auch Alexander und nickt.

„Und er weiß, was er will", sagt Emma.

„Aber Nüsse will ich auch lieber, als Hausaufgaben!", murrt Alexander.

„Aber die Hausaufgaben *fertigbekommen*, das will ich schon", sagt Emma und richtet sich auf.

„Und *richtig* fertigbekommen", sagt Alexander.

„Ja", sagt Emma. „Und dazu muss man gut achtgeben und auch

schauen, ob man sie richtig gemacht hat."

„Gut achtgeben, sich ein Ziel setzen, sorgfältig sein", zählt Alexander auf, „Und das Ergebnis dann auch noch nachprüfen", ergänzt Emma.

„Und das in aller Ruhe", seufzt Alexander.

„In der Ruhe liegt die Kraft", sagt Emma.

Die beiden schauen zum Apfelbaum, wo Flix sie ganz ruhig von seinem Versteck im Blätterdach aus beobachtet.

„Das ist ein Spiel!", sagt Alexander plötzlich.

„Aber eines, das man lernen kann", sagt Emma.

„Und ab und zu gibt es Nüsse dabei – zumindest für Flix", sagt Alexander. Und sie lachen.

Die beiden machen sich nun an das genau Achtgeben: Sie lesen die Aufgabe ganz genau durch, nicht so schnell wie vorher. Und während sie wieder nach ihren Stiften greifen, springt Flix über die Wiese zurück in den Wald.

Und vor dir taucht wieder die Treppe auf ... Schritt für Schritt kannst du aufwärts steigen, mit jeder Stufe etwas weiter hinauf, in den wachen Raum deines Lebens ...

Mit jeder Stufe, die du steigst, kannst du spüren, wie du wacher wirst ... Die Bilder von Flix und Emma und Alexander sind weiter in dir, tief geborgen. Du steigst mit ihnen immer schneller aufwärts ins Wache, Stufe um Stufe. Mit jeder Stufe nehmen die Kraft und die Wachheit in dir weiter zu ... Die Leichtigkeit ist immer noch da, tief in dir ... Und eine Freude ...

Wenn du soweit bist, dass sich die Augen öffnen möchten, dann lass das einfach geschehen ... Atme einmal tief durch! Reck dich und streck dich ...

Der Ruheort

Mach es dir ganz bequem ... Und schon während du dich noch räkelst, kannst du tief in dir beginnen, ruhiger zu werden ... Und deine Augen können sich schon schließen – oder eine Stelle im Raum suchen, an der sie verweilen möchten, bis sie sich irgendwann schließen wollen ... Und deine Ohren hören vielleicht Geräusche um dich ... aus dem Raum ... oder von draußen ... oder anderswoher ... Irgendwann kann jede Bewegung ganz gleichgültig werden und du kannst noch besser zu hören beginnen ... und kannst noch besser zu spüren beginnen, vielleicht deine Augen, das angenehme Gefühl, wenn sie ruhen ... ohne Ziel ... einfach so ... wie man ruhen kann, wenn man eine Geschichte hört ...

In der Ruhe kann eine Treppe sein, die vor dir immer tiefer hinabführt ... immer tiefer hinein in die Ruhe ... Stufe um Stufe geht es hinab in die Ruhe ... Mit jeder Stufe kann die Ruhe in dir größer werden ... Je tiefer du steigst, umso angenehmer kann sich die Ruhe in dir ausbreiten ... Stufe um Stufe steigst du weiter hinab in die Ruhe ...

Mit jeder Stufe kann die Bereitschaft in dir größer werden ... zu lauschen ... der Stimme zu folgen ... Stufe um Stufe ... dorthin hinab, wo die Ruhe immer noch größer wird, und deine Bereitschaft ...

Da ist nur die Treppe, Stufe um Stufe steigst du hinab ... Da ist die Ruhe, die immer noch etwas größer werden kann ... Da ist die Bereitschaft zu lauschen, was sich in der Ruhe ereignet ...

Die Treppe endet auf einer Wiese ... Am Gartentisch sitzen Alexander und Emma ... „In der Ruhe liegt die Kraft", sagt Emma gerade.

„Warum gerade in der Ruhe?", fragt Alexander.

„Das hat mir Tante Lucie einmal gesagt", meint Emma. „Dass nämlich Sportler, bevor sie ihren Sport machen und wenn sie ganz besonders gut sein wollen, etwas in der Ruhe machen, damit sie selbst ruhig werden und nicht so aufgeregt sind. Denn wenn sie weniger aufgeregt sind, dann können sie ihren Sport besser."

„Weiter springen?", fragt Alexander.

„Ja, noch ein bisschen besser springen oder Schi fahren oder was immer sie machen", sagt Emma. „Und Schauspieler machen auch so etwas, bevor sie auftreten."

„Und was machen sie?", fragt Alexander.

„Da hat jeder etwas anderes", sagt Emma, „damit einer ruhiger wird. Und in der Ruhe dann besser ist."

„Und Tante Lucie hat keines davon gewusst?", fragt Alexander.

„Eines hat sie mir schon gezeigt", sagt Emma.

„Dann machen wir es doch!", sagt Alexander.

Emma denkt nach ... Dann weiß sie es wieder und sagt: „Die Ruhe und die Kraft liegen in uns selbst. Um sie zu finden, stellen wir uns mit geschlossenen Augen einen Ort vor. Einen Ort, den wir schön finden und wo wir die Ruhe und die Kraft besonders gut spüren können ... Weißt du einen solchen Platz für dich?", fragt sie Alexander.

Der denkt nach. „Was ist denn dein Ruheort?", fragt er dann.

Emma ist eine Weile still. Dann sagt sie: „Du kennst doch auf dem Hügel die alte Burg. Dort an der eingestürzten Mauer ein Holunderbusch. Die Burg und den Busch stelle ich mir vor – und die Ruhe und die Kraft dort. Und wie die Ruhe und die Kraft in mich strömen."

Alexander sagt nun: „Mein Ruheort ist der See im Wald. Da ist es so schön! Und die Ruhe und die Kraft sind dort auch."

„So hat jeder einen eigenen Ruheort", sagt Emma. „Der Ort muss einfach schön ruhig sein und man muss dort Kraft spüren können. Und an den Ruheort denken die guten Sportler und Schauspieler und Musiker dann mit geschlossenen Augen, wenn sie Ruhe und Kraft brauchen – und lassen die Ruhe und die Kraft in sich groß werden."

„Das können wir doch auch!", sagt Alexander.

„Eigentlich schon", sagt Emma. „Wir müssen aber daran denken, wenn wir die Ruhe und die Kraft brauchen. *Das* ist das Schwere."

„Gar nicht schwer", behauptet Alexander. „Das machen wir jetzt jeden Tag 100 Mal!"

Emma lacht. „Aber zweimal", sagt sie dann. „Einmal irgendwann in der Schule, am besten im Klassenzimmer, ganz kurz. Und einmal vor den Hausaufgaben."

„So machen wir das!", sagt Alexander.

Emmas Augen werden plötzlich weit. „Schau mal", flüstert sie.

Auf der Wiese hat sich Flix unbemerkt herangeschlichen. Jetzt springt er auf den Tisch und greift sich die Nuss, die die Kinder dort für ihn hingelegt haben. Und schon huscht er durch das Gras zurück in den Wald.

Und vor dir taucht wieder die Treppe auf ... Schritt für Schritt kannst du aufwärts steigen, mit jeder Stufe etwas weiter hinauf, in den wachen Raum deines Lebens ...

Mit jeder Stufe, die du steigst, kannst du spüren, wie du wacher wirst ... Die Bilder von Flix und Emma und Alexander und deinem eigenen Ruheort sind weiter in dir, tief geborgen. Du steigst mit ihnen immer schneller aufwärts ins Wache, Stufe um Stufe. Mit jeder Stufe nehmen die Kraft und die Wachheit in dir weiter zu ... Die Leichtigkeit ist immer noch da, tief in dir ... Und eine Freude ...

Wenn du soweit bist, dass sich die Augen öffnen möchten, dann lass das einfach geschehen ... Atme einmal tief durch! Reck dich und streck dich ...

Nüsse finden

Mach es dir ganz bequem ... Und schon während du dich noch räkelst, kannst du tief in dir beginnen, ruhiger zu werden ... Und deine Augen können sich schon schließen – oder eine Stelle im Raum suchen, an der sie verweilen möchten, bis sie sich irgendwann schließen wollen ... Und deine Ohren hören vielleicht Geräusche um dich ... aus dem Raum ... oder von draußen ... oder anderswoher ... Irgendwann kann jede Bewegung ganz gleichgültig werden und du kannst noch besser zu hören beginnen ... und kannst noch besser zu spüren beginnen, vielleicht deine Augen, das angenehme Gefühl, wenn sie ruhen ... ohne Ziel ... einfach so ... wie man ruhen kann, wenn man eine Geschichte hört ...

In der Ruhe kann eine Treppe sein, die vor dir immer tiefer hinabführt ... immer tiefer hinein in die Ruhe ... Stufe um Stufe geht es hinab in die Ruhe ... Mit jeder Stufe kann die Ruhe in dir größer werden ... Je tiefer du steigst, umso angenehmer kann sich die Ruhe in dir ausbreiten ... Stufe um Stufe steigst du weiter hinab in die Ruhe ...

Mit jeder Stufe kann die Bereitschaft in dir größer werden ... zu lauschen ... der Stimme zu folgen ... Stufe um Stufe ... dorthin hinab, wo die Ruhe immer noch größer wird, und deine Bereitschaft ...

Da ist nur die Treppe, Stufe um Stufe steigst du hinab ... Da ist die Ruhe, die immer noch etwas größer werden kann ... Da ist die Bereitschaft zu lauschen, was sich in der Ruhe ereignet ...

Die Treppe endet auf einer Wiese ... Alexander und Emma sind von ihrem Gartentisch aufgestanden und gehen langsam zum Waldrand ...

„In der Ruhe sein, gut achtgeben, sich ein Ziel setzen, sorgfältig sein und gut nachprüfen", wiederholt Emma, was sie sich vorgenommen haben. Flix beobachtet sie vom Haselnuss-Strauch aus. Aber gerade hierhin kommen die beiden. Flix verzieht sich lieber. Das Eichhörnchen springt einen dicken Buchenstamm hinauf und schaut dann aus seinem Versteck auf die Kinder.

„Das sind fünf Sachen zu merken", sagt Alexander.

„Du kannst zählen!", neckt ihn Emma.

„Du bestimmt auch – oder?", neckt Alexander zurück.

„Für die Ruhe haben wir unseren Ruheort", sagt Emma. „Weißt du deinen noch?", fragt sie Alexander.

„Ja", sagt der. „Und ich habe ihn mir gestern noch zweimal vorgestellt, mit geschlossenen Augen. Und die Ruhe und Kraft in mir dabei gespürt."

„Ich auch", sagt Emma.

„Gut achtgeben ist aber schwerer", meint Alexander. „Auf was denn?", er zeigt in den Wald.

„Da gibt es überhaupt achtgeben", meint Emma, „wie jetzt, wenn wir in den Wald schauen. Das ist irgendwie breit oder weit. Das ist, wenn wir sehen und hören und riechen, was um uns herum ist. Und dann gibt es *gut* achtgeben, das ist dann auf etwas Besonderes. Flix gibt vielleicht auf Nüsse gut acht. Und ich", sie grinst, „auf das, was die Lehrerin sagt."

„Ach, ach!", grinst auch Alexander.

„Oder bei den Hausaufgaben", seufzt Emma.

„Und dieses Achtgeben ist dann irgendwie *spitz*", meint Alexander.

„Die Lehrerin hat einmal gesagt, das breite Achtgeben heißt auch Achtsamkeit und das spitze heißt Konzentration", behauptet Emma.

„Ob Flix das auch weiß?", fragt Alexander.

„Jedenfalls findet er seine Nüsse", lacht Emma.

„Was sollen wir denn jetzt wegen der Schule machen, breit oder spitz?", fragt Alexander.

„Ich glaube, das gehört schon zusammen", meint Emma, „achtsam sein hilft, wenn man sich konzentrieren will."

„Wir machen das wie ein Spiel", sagt Alexander und bleibt stehen. „Wir schließen die Augen und hören, was es alles zu hören gibt." Flix schaut von seinem Versteck im Buchenwipfel auf die Kinder, die nun beide stehengeblieben sind und die Augen geschlossen haben. Die Kinder lauschen ...

Nach einer Weile öffnet Alexander die Augen und fragt: „Was hast denn du alles gehört? Auch die Taube, das Gurren?"

„Das war eine Taube?", fragt Emma. „Ich dachte, das wäre ein Käuzchen. – Ich hab aber nicht nur gehört, ich hab auch die Luft geschmeckt und gerochen."

„Das war wie am Ruheort", sagt Alexander.

„Aber es geht auch in der wirklichen Welt. Dann wird alles ruhiger und klarer", sagt Emma.

„Genauso, wie es für die Schule gut ist", meint Alexander.

„Aber es ist auch schön", sagt Emma leise.

„Aber was ist denn nun das spitze Achtgeben, die Konzentration?", murmelt Alexander vor sich hin.

„Das weiß Flix am besten", lacht Emma. „Nüsse suchen! – Oder sonst etwas Bestimmtes suchen. Das können wir auch machen, als Spiel."

„Da ist ein Haselnuss-Busch", Alexander deutet auf den Busch, hinter dem sich vorhin Flix versteckt hatte.

„Wir können irgendetwas Bestimmtes suchen. Wie das Spiel ‚Ich sehe etwas und das ist – rot'", sagt Emma und schaut Alexander schelmisch an.

Der blickt umher und sagt dann: „Ein Fliegenpilz!"

Sie gehen zum Pilz mit der roten Kappe, schauen ihn ganz genau an und streichen vorsichtig über das Rot. Dann spielen sie weiter, Dinge finden. Flix aber springt zum Haselnussbusch und sucht Nüsse.

Und vor dir taucht wieder die Treppe auf ... Schritt für Schritt kannst du aufwärts steigen, mit jeder Stufe etwas weiter hinauf, in den wachen Raum deines Lebens ...

Mit jeder Stufe, die du steigst, kannst du spüren, wie du wacher wirst ... Die Bilder von Flix und Emma und Alexander sind weiter in dir, tief geborgen, und auch das Achtgeben. Du steigst mit ihnen immer schneller aufwärts ins Wache, Stufe um Stufe. Mit jeder Stufe nehmen die Kraft und die Wachheit in dir weiter zu ... Die Leichtigkeit ist immer noch da, tief in dir ... Und eine Freude ...

Wenn du soweit bist, dass sich die Augen öffnen möchten, dann lass das einfach geschehen ... Atme einmal tief durch! Reck dich und streck dich ...

In der Wiese lauschen

Mach es dir ganz bequem ... Und schon während du dich noch räkelst, kannst du tief in dir beginnen, ruhiger zu werden ... Und deine Augen können sich schon schließen – oder eine Stelle im Raum suchen, an der sie verweilen möchten, bis sie sich irgendwann schließen wollen ... Und deine Ohren hören vielleicht Geräusche um dich ... aus dem Raum ... oder von draußen ... oder anderswoher ... Irgendwann kann jede Bewegung ganz gleichgültig werden und du kannst noch besser zu hören beginnen ... und kannst noch besser zu spüren beginnen, vielleicht deine Augen, das angenehme Gefühl, wenn sie ruhen ... ohne Ziel ... einfach so ... wie man ruhen kann, wenn man eine Geschichte hört ...

In der Ruhe kann eine Treppe sein, die vor dir immer tiefer hinabführt ... immer tiefer hinein in die Ruhe ... Stufe um Stufe geht es hinab in die Ruhe ... Mit jeder Stufe kann die Ruhe in dir größer werden ... Je tiefer du steigst, umso angenehmer kann sich die Ruhe in dir ausbreiten ... Stufe um Stufe steigst du weiter hinab in die Ruhe ...

Mit jeder Stufe kann die Bereitschaft in dir größer werden ... zu lauschen ... der Stimme zu folgen ... Stufe um Stufe ... dorthin hinab, wo die Ruhe immer noch größer wird, und deine Bereitschaft ...

Da ist nur die Treppe, Stufe um Stufe steigst du hinab ... Da ist die Ruhe, die immer noch etwas größer werden kann ... Da ist die Bereitschaft zu lauschen, was sich in der Ruhe ereignet ...

Die Treppe endet auf einer Wiese ... Die Wiese ist einfach da ... Ob einer sie nun sieht oder nicht ... In der Wiese können sich viele Dinge ereignen ... Das sind fast alles kleine Dinge, die nicht so einfach zu entdecken sind ... Sie werden leicht übersehen ... zwischen dem langen Gras ... durch das Emma und Alexander herankommen ...

„Arbeiten sind blöd", sagt Emma.

„Hausaufgaben auch", sagt Alexander.

„Außer, man kann alles. Dann tun Arbeiten und Hausaufgaben gut", sagt Emma. „Aber keiner kann alles. *Ich* jedenfalls nicht."

Das Eichhörnchen Flix hört sie wohl. Aber es achtet nicht auf die beiden, sondern sonnt sich im Wipfel des Baumes am Wiesenrand. Es weiß nicht, wieviele Sonnenstrahlen durch das Blätterdach ihren Weg zu ihm finden, aber es freut sich an der wohligen Wärme von jedem davon.

„Was heißt schon *konzentrieren*", sagt Emma.

„In der Wiese ist auch viel zu konzentrieren", sagt Alexander.

„Die vielen Sonnenstrahlen", denkt Flix und kuschelt sich in sein Versteck im Wipfel des Baumes.

„Komm, wir spielen ein Spiel!", sagt Emma. „Wir *konzentrieren* keine

Zahlen oder Wörter, sondern die Wiese!"

„Wie soll das gehen?", fragt Alexander.

„Wir schließen die Augen. Und dann achten wir darauf, was alles zu hören ist. Wer etwas Neues hört, der sagt es."

„Aber immer abwechselnd!", schlägt Alexander vor. „Wenn du etwas Neues gesagt hast, bin ich als nächster dran – auch wenn du etwas vor mir hörst!"

„Gut", nickt Emma.

Das Eichhörnchen Flix hat schon die Augen geschlossen, um die Wärme der Sonnenstrahlen besser spüren zu können. Nun schließen auch die Kinder die Augen.

„Wind in der Wiese", sagt Emma.

„Grillenzirpen", sagt Alexander.

So wechseln die beiden sich ab. Die Pausen werden aber immer länger, weil es immer schwerer wird, etwas wirklich Neues zu hören.

„Gräser schlagen aneinander – eine Biene summt – und eine Fliege – ein Vogel singt – das ist eine Lerche, und eine Krähe krächzt – ein Flugzeug am Himmel – ein Traktor, ganz fern – da atmet jemand, das bist du! – Und du!"

Flix hört außerdem Stimmen. Das sind die Stimmen der Kinder. Sie hallen bis in seinen Traum.

Wenn die Kinder das mit dem Achtgeben in der Wiese gut können, dann können sie es ja gut. Und wenn sie das in der Wiese oder im Garten oder in ihrem Zimmer zu Hause immer wieder machen, mit dem Hören oder dem Sehen, dann können sie es immer besser. Dann können sie besser hören und sehen, vielleicht bald so gut wie das Eichhörnchen oder ein Bussard. Und das geht dann auch bei den Wörtern und Zahlen, die auch nichts anderes sind als die Gräser ...

Der Wind geht wieder über die Wiese ... Und da taucht die Treppe auf ... Schritt für Schritt kannst du aufwärts steigen, mit jeder Stufe etwas weiter hinauf, in den wachen Raum deines Lebens ...

Mit jeder Stufe, die du steigst, kannst du spüren, wie du wacher wirst ... Die Bilder von der Wiese, von Emma und Alexander sind weiter in dir, tief geborgen. Du steigst mit ihnen immer schneller aufwärts ins Wache, Stufe um Stufe. Mit jeder Stufe nehmen die Kraft und die Wachheit in dir weiter zu ... Die Leichtigkeit ist immer noch da, tief in dir ... Und eine Freude ...

Wenn du soweit bist, dass sich die Augen öffnen möchten, dann lass das einfach geschehen ... Atme einmal tief durch! Reck dich und streck dich ...

Grashalme

Mach es dir ganz bequem ... Und während du dich noch räkelst, kannst du tief in dir schon beginnen, ruhiger zu werden ... Und deine Augen können sich schließen – oder eine Stelle im Raum suchen, an der sie verweilen möchten, bis sie sich irgendwann schließen wollen ... Und deine Ohren hören vielleicht Geräusche um dich ... aus dem Raum ... oder von draußen ... oder anderswoher ... Irgendwann kann jede Bewegung ganz gleichgültig werden und du kannst noch besser zu hören beginnen ... und kannst noch besser zu spüren beginnen, vielleicht deine Augen, das angenehme Gefühl, wenn sie ruhen ... ohne Ziel ... einfach so ... wie man ruhen kann, wenn man eine Geschichte hört ...

In der Ruhe kann eine Treppe sein, die vor dir immer tiefer hinabführt ... immer tiefer hinein in die Ruhe ... Stufe um Stufe geht es hinab in die Ruhe ... Mit jeder Stufe kann die Ruhe in dir größer werden ... Je tiefer du steigst, umso angenehmer kann sich die Ruhe in dir ausbreiten ... Stufe um Stufe steigst du weiter hinab in die Ruhe ...

Mit jeder Stufe kann die Bereitschaft in dir größer werden ... zu lauschen ... der Stimme zu folgen ... Stufe um Stufe ... dorthin hinab, wo die Ruhe immer noch größer wird, und deine Bereitschaft ...

Da ist nur die Treppe, Stufe um Stufe steigst du hinab ... Da ist die Ruhe, die immer noch etwas größer werden kann ... Da ist die Bereitschaft zu lauschen, was sich in der Ruhe ereignet ...

Die Treppe endet auf einer Wiese ... Alexander und Emma haben sich hingesetzt und streichen mit den Händen an den Halmen entlang ...

„Achtgeben ist schon gut", sagt Emma.

„Aber wann ist es eigentlich genug mit dem Achtgeben?", fragt Alexander.

„Mehr als gut achtgeben geht doch nicht", sagt Emma.

Das Eichhörnchen Flix hat es sich im Wipfel eines Baumes am Wiesenrand gemütlich gemacht. Es lauscht den Stimmen der Kinder. Ob es auch wirklich genau versteht, was sie sagen?

„Aber mehr als gut achtgeben ist doch doppelt gut achtgeben", behauptet Alexander.

„Oder doppelt besser achtgeben", gibt Emma zu.

„Wir können ja mal probieren, ob wir doppelt besser achtgeben können", sagt Alexander.

„Oder wieviel besser achtgeben überhaupt möglich ist", sagt Emma.

Sie nimmt einen Grashalm zwischen die Finger und streicht langsam den Halm entlang. Dabei achtet sie genau auf das Gefühl. Jetzt schließt sie sogar die Augen, um das Gefühl noch genauer zu spüren.

Alexander hat es ihr gleichgetan. Nun öffnet er die Augen wieder und betrachtet den Grashalm. Er betrachtet ihn ganz genau. Plötzlich wird ihm bewusst, dass er vielleicht überhaupt zum ersten Mal so ganz genau einen Grashalm anschaut. Seltsam!

„Es kommt nicht auf den Grashalm an, sondern auf das genaue Schauen", flüstert Emma.

Alexander fallen immer mehr Einzelheiten des Grashalms auf. Warum hat er die früher nie bemerkt? Er sieht, dass Emma einen Grashalm gepflückt hat und auf ihm kaut. Das ist wahrscheinlich das dreimal genauer Achtgeben.

Flix hat im Wipfel seines Baumes die Augen geschlossen. Aber er denkt nicht an Gräser, sondern an Haselnüsse.

Alexander lässt den Grashalm los und schaut sich um. Die Wiese ist voller Gräser und Blumen. Und hinter der Wiese kommt der Wald. Und darüber spannt sich der Himmel.

„Auf alles kann man viel genauer achtgeben", flüstert Emma neben ihm.

„Und irgendwie wird alles schöner dabei", meint Alexander. „Aber ob das wirklich in der Schule und bei den Hausaufgaben hilft?", zweifelt er dann.

„Der Grashalm nicht, aber das Achtgeben", sagt Emma. „In der Ruhe sein, genau achtgeben, sich ein Ziel setzen, sorgfältig sein, gut nachprüfen", sagt sie sich dann vor.

Die Kinder bleiben noch eine Weile in der Wiese. Sie versuchen, Vogelstimmen zu unterscheiden. Manche kennen sie, andere noch nicht ... Ob wohl die Vögel die Stimmen der Kinder kennen? ...

Der Wind geht wieder über die Wiese ... Und da taucht die Treppe auf ... Schritt für Schritt kannst du aufwärts steigen, mit jeder Stufe etwas weiter hinauf, in den wachen Raum deines Lebens ...

Mit jeder Stufe, die du steigst, kannst du spüren, wie du wacher wirst ... Die Bilder von den Grashalmen, von Emma und Alexander sind weiter in dir, tief geborgen. Du steigst mit ihnen immer schneller aufwärts ins Wache, Stufe um Stufe. Mit jeder Stufe nehmen die Kraft und die Wachheit in dir weiter zu ... Die Leichtigkeit ist immer noch da, tief in dir ... Und eine Freude ...

Wenn du soweit bist, dass sich die Augen öffnen möchten, dann lass das einfach geschehen ... Atme einmal tief durch! Reck dich und streck dich ...

Bretter planen

Mach es dir ganz bequem ... Und schon während du dich noch räkelst, kannst du tief in dir beginnen, ruhiger zu werden ... Und deine Augen können sich schon schließen – oder eine Stelle im Raum suchen, an der sie verweilen möchten, bis sie sich irgendwann schließen wollen ... Und deine Ohren hören vielleicht Geräusche um dich ... aus dem Raum ... oder von draußen ... oder anderswoher ... Irgendwann kann jede Bewegung ganz gleichgültig werden und du kannst noch besser zu hören beginnen ... und kannst noch besser zu spüren beginnen, vielleicht deine Augen, das angenehme Gefühl, wenn sie ruhen ... ohne Ziel ... einfach so ... wie man ruhen kann, wenn man eine Geschichte hört ...

In der Ruhe kann eine Treppe sein, die vor dir immer tiefer hinabführt ... immer tiefer hinein in die Ruhe ... Stufe um Stufe geht es hinab in die Ruhe ... Mit jeder Stufe kann die Ruhe in dir größer werden ... Je tiefer du steigst, umso angenehmer kann sich die Ruhe in dir ausbreiten ... Stufe um Stufe steigst du weiter hinab in die Ruhe ...

Mit jeder Stufe kann die Bereitschaft in dir größer werden ... zu lauschen ... der Stimme zu folgen ... Stufe um Stufe ... dorthin hinab, wo die Ruhe immer noch größer wird, und deine Bereitschaft ...

Da ist nur die Treppe, Stufe um Stufe steigst du hinab ... Da ist die Ruhe, die immer noch etwas größer werden kann ... Da ist die Bereitschaft zu lauschen, was sich in der Ruhe ereignet ...

Die Treppe endet auf einer Wiese ... In der Wiese blüht Löwenzahn ... Hier und da hat sich eine der gelben Blumen schon in eine silberne Kugel verwandelt, eine Pusteblume ... Glaubst du, das haben sich die gelben Blumen *vorgenommen*, zur silbernen Kugel zu werden? Mit Schirmchen, die der Wind dann über die Wiese trägt? ... Jede der gelben Löwenzahnblumen wird eine silberne Kugel werden ...

Auch die Haare des Mannes sind silbern, der dort die Wiese hinab geht, eine Säge in seiner Hand ... Die Haare des Mannes sind einfach silbern geworden ... Ob er das wollte oder ob er es nicht wollte ...

Der Mann heißt Wolfgang. Er geht mit seiner Säge zu einer Hütte. Vor der Hütte liegen Bretter ... Auch Alexander und Emma sind da. Sie haben Pusteblumen geblasen und dem Flug der Schirmchen nachgeschaut. In ihren Haaren sind auch ein paar Schirmchen gelandet ...

Wolfgang legt eines der Bretter auf zwei Holzböcke. Alexander und Emma dürfen die Enden des Bretts halten. Auf dem Brett ist schon mit Bleistift eine Linie markiert. Dort beginnt Wolfgang zu sägen. Bald ist das Brett durchgesägt.

Wolfgang nimmt das längere Teil und die drei gehen zur Hütte. Da sind einige alte Bretter weggerissen. Wolfgang hält das Brett hin und sagt zu Alexander und Emma: „Passt genau! Das kann jetzt genagelt werden. Erst die alten Bretter wegreißen, dann die neuen Bretter abmessen, markieren und sägen. Dann kann genagelt werden. – Und wie nennt man das dann?"

„Einen Plan", sagt Emma.

„Einen Bauplan", sagt Alexander.

„Ohne Plan geht gar nichts", sagt Wolfgang. „Irgendetwas geht bestimmt schief, wenn man sich nicht alles vorher überlegt."

„Aber die Pusteblumen überlegen doch auch nichts", sagt Alexander.

„Die tragen ihren großen Plan in sich, den hat ihnen die Natur gemacht", sagt Wolfgang.

„Und uns nicht?", fragt Emma.

„Uns auch", sagt Wolfgang. „Aber uns hat sie außerdem einen eigenen Verstand gegeben, damit wir kleine Pläne machen können."

„Die Hütte reparieren", nickt Alexander.

„Oder die Hausaufgaben erledigen", sagt Wolfgang. Die Kinder stöhnen.

„Pläne machen ist für alles wichtig", sagt Wolfgang. „Für ganz große Dinge und für ganz kleine Dinge. Manche Pläne wissen wir schon auswendig. Was man beim Fahrradfahren macht. Wie man sich anzieht. Wenn man das lange gemacht hat, geht das automatisch. Andere Pläne wissen wir so ungefähr und müssen uns an sie erinnern. Andere müssen wir ganz neu machen. Das können Pusteblumen nicht."

„Pusteblumen bekommen auch keine Hausaufgaben", mault Emma.

„Weißt du denn, wozu Hausaufgaben eigentlich da sind?", fragt Wolfgang. „Die Lehrerin weiß ja die Lösungen schon. Für die Lehrerin sind sie also nicht. Und ihr wisst nicht mehr, was für Lösungen ihr letztes Jahr alles abgegeben habt. Für die Lösungen selbst sind die Hausaufgaben also auch nicht."

„Wozu dann?", fragt Alexander.

„Damit ihr möglichst oft Pläne macht, wie ihr bei der Lösung von Aufgaben vorgeht", sagt Wolfgang. „Dann wird die Lösung irgendwann selbstverständlich."

Wolfgang hämmert das Brett an die Hütte. Emma und Alexander halten es fest.

„Am besten", sagt Wolfgang, als sie das nächste Brett zusägen gehen, „am besten, ihr sagt euch einen Lösungsplan erst laut vor. Und wenn ihr ihn könnt, leise. Und wenn er ganz selbstverständlich ist, nur noch unhörbar in euch hinein."

An ihnen vorbei fliegen Schirmchen von Pusteblumen ...

Und da taucht wieder die Treppe auf ... Schritt für Schritt kannst du aufwärts steigen, mit jeder Stufe etwas weiter hinauf, in den wachen Raum deines Lebens ...

Mit jeder Stufe, die du steigst, kannst du spüren, wie du wacher wirst ... Die Bilder von Wolfgang und von Emma und Alexander sind weiter in dir, tief geborgen, und auch das Planen. Du steigst mit ihnen immer schneller aufwärts ins Wache, Stufe um Stufe. Mit jeder Stufe nehmen die Kraft und die Wachheit in dir weiter zu ... Die Leichtigkeit ist immer noch da, tief in dir ... Und eine Freude ...

Wenn du soweit bist, dass sich die Augen öffnen möchten, dann lass das einfach geschehen ... Atme einmal tief durch! Reck dich und streck dich ...

Das Gewicht des Windes

Mach es dir ganz bequem ... Und schon während du dich noch räkelst, kannst du tief in dir beginnen, ruhiger zu werden ... Und deine Augen können sich schon schließen – oder eine Stelle im Raum suchen, an der sie verweilen möchten, bis sie sich irgendwann schließen wollen ... Und deine Ohren hören vielleicht Geräusche um dich ... aus dem Raum ... oder von draußen ... oder anderswoher ... Irgendwann kann jede Bewegung ganz gleichgültig werden und du kannst noch besser zu hören beginnen ... und kannst noch besser zu spüren beginnen, vielleicht deine Augen, das angenehme Gefühl, wenn sie ruhen ... ohne Ziel ... einfach so ... wie man ruhen kann, wenn man eine Geschichte hört ...

In der Ruhe kann eine Treppe sein, die vor dir immer tiefer hinabführt ... immer tiefer hinein in die Ruhe ... Stufe um Stufe geht es hinab in die Ruhe ... Mit jeder Stufe kann die Ruhe in dir größer werden ... Je tiefer du steigst, umso angenehmer kann sich die Ruhe in dir ausbreiten ... Stufe um Stufe steigst du weiter hinab in die Ruhe ...

Mit jeder Stufe kann die Bereitschaft in dir größer werden ... zu lauschen ... der Stimme zu folgen ... Stufe um Stufe ... dorthin hinab, wo die Ruhe immer noch größer wird, und deine Bereitschaft ...

Da ist nur die Treppe, Stufe um Stufe steigst du hinab ... Da ist die Ruhe, die immer noch etwas größer werden kann ... Da ist die Bereitschaft zu lauschen, was sich in der Ruhe ereignet ...

Die Treppe endet auf einer Wiese ... In der Wiese wiegt sich das lange Gras im Wind ... Das geschieht einfach, da muss gar nichts getan werden ... Die Halme bewegen sich, vielleicht kannst du die Bewegung sehen und sie einfach beobachten ...

Die Sonne scheint auf alles ... Sie scheint auf das Gras ... auf die roten Blumen ... auf die blauen Blumen ... Sie scheint auf den schimmernden Käfer, der es sich auf einer weißen Blume gemütlich gemacht hat ... Die Blume schwankt unter dem Gewicht des Käfers ... Sie schwankt leicht im Wind ... Ob es wohl möglich ist zu sagen, wieviel vom Schwanken vom Gewicht des Käfers kommt und wieviel vom Wind? ... Vielleicht die Hälfte vom Käfer und die Hälfte vom Wind? ... Oder mehr vom Käfer und vom Wind weniger? ...

Der Käfer öffnet die Flügel und fliegt davon ... Die Blume schwankt noch einmal besonders stark ... dann wird sie ruhiger ... Auch der Wind ist gerade zur Ruhe gekommen ... Da ist gar nichts zu tun, nur zu sehen und zu lauschen ... Auf die zirpenden Grillen ... Auf einen singenden Vogel ... Auf einen Baum, der mitten in der Wiese steht ... Auf den Himmel und die ziehenden Wolken ...

Je genauer jemand lauschen kann, umso weniger möchte er sich bewegen ... Vielleicht ein bisschen bewegen ... Dann kann man sich selbst spüren ... Und das Lauschen wird ein bisschen weniger ... Und wenn das Lauschen wieder mehr wird, wird das Bewegen weniger ...

Aber wenn man sich bewegen möchte, wenn man unruhig ist, wenn die Arme und Beine und der ganze Körper danach drängen, sich zu bewegen ... dann fällt es schwerer zu lauschen ... Dann kann es auch schwerer fallen zu denken ... oder zu planen ... sich etwas zu überlegen ... Was jetzt richtig gemacht werden müsste ... damit es richtig gelingt ...

Eine Bewegung in sich selbst ist der Atem ... Das Einatmen und Ausatmen ... Wenn einer dem Atem lauscht, dann wird die Bewegung auch weniger ... Wie die Bewegung der Blume weniger wird, weil der Käfer davonflog ...

Emma und Alexander haben dem Käfer nachgesehen, so lange es ging ... Sie spielen ein Spiel. Emma sagt „Jetzt!" Und Alexander wartet einen ganzen Atemzug lang und macht dann erst einen Schritt vorwärts ... Dann sagt Alexander „Jetzt!" Und Emma wartet einen ganzen Atemzug lang und macht dann einen Schritt vorwärts.

Das kann schwierig sein – oder einfach ... Wenn man sich gut konzentrieren kann, dann ist es einfach ... Wenn man sich nicht gut konzentrieren kann, dann kann man die Konzentration so ein bisschen lernen ...

Alexander hat schon versucht, immer wieder am Tag einfach zu lauschen ... Was es gerade zu hören gibt ... Einfach so ... Auf den Straßenverkehr ... Auf die Vögel ... Auf den Klang der Stimme, wenn einer zu einem anderen etwas sagt ... Auf den tanzenden Staub ... Und er hat gemerkt, dass es möglich ist ... daran zu denken ... und dass alles irgendwie bunter und lebendiger werden kann, wenn es ihm ab und zu am Tag gelingt ...

Emma hat schon versucht, alles ein bisschen später zu machen, ein klein bisschen Zeit zwischen das Lauschen und das Bewegen zu bringen ... Sie hat auch gemerkt, dass das ganz schön schwierig sein kann ... Und dass sie selbst irgendwie größer wird, sobald es ihr gelingt ...

Der Wind bringt die Gräser der Wiese wieder in Bewegung ... Und da taucht die Treppe auf ... Schritt für Schritt kannst du aufwärts steigen, mit jeder Stufe etwas weiter hinauf, in den wachen Raum deines Lebens ...

Mit jeder Stufe, die du steigst, kannst du spüren, wie du wacher wirst ... Die Bilder von der Wiese, dem Käfer, von Emma und Alexander sind weiter in dir, tief geborgen. Du steigst mit ihnen immer schneller aufwärts ins Wache, Stufe um Stufe. Mit jeder Stufe nehmen die Kraft und die Wachheit in dir weiter zu ... Die Leichtigkeit ist immer noch da, tief in dir ... Und eine Freude ...

Wenn du soweit bist, dass sich die Augen öffnen möchten, dann lass das einfach geschehen ... Atme einmal tief durch! Reck dich und streck dich ...

Der Marienkäfer

Mach es dir ganz bequem ... Und schon während du dich noch räkelst, kannst du tief in dir beginnen, ruhiger zu werden ... Und deine Augen können sich schon schließen – oder eine Stelle im Raum suchen, an der sie verweilen möchten, bis sie sich irgendwann schließen wollen ... Und deine Ohren hören vielleicht Geräusche um dich ... aus dem Raum ... oder von draußen ... oder anderswoher ... Irgendwann kann jede Bewegung ganz gleichgültig werden und du kannst noch besser zu hören beginnen ... und kannst noch besser zu spüren beginnen ... vielleicht deine Augen, das angenehme Gefühl, wenn sie ruhen ... ohne Ziel ... einfach so ... wie man ruhen kann, wenn man eine Geschichte hört ...

In der Ruhe kann eine Treppe sein, die vor dir immer tiefer hinabführt ... immer tiefer hinein in die Ruhe ... Stufe um Stufe geht es hinab in die Ruhe ... Mit jeder Stufe kann die Ruhe in dir größer werden ... Je tiefer du steigst, umso angenehmer kann sich die Ruhe in dir ausbreiten ... Stufe um Stufe steigst du weiter hinab in die Ruhe ...

Mit jeder Stufe kann die Bereitschaft in dir größer werden ... zu lauschen ... der Stimme zu folgen ... Stufe um Stufe ... dorthin hinab, wo die Ruhe immer noch größer wird, und deine Bereitschaft ...

Da ist nur die Treppe, Stufe um Stufe steigst du hinab ... Da ist die Ruhe, die immer noch etwas größer werden kann ... Da ist die Bereitschaft zu lauschen, was sich in der Ruhe ereignet ...

Die Treppe endet auf einer Wiese ... Der Wind weht über die langen Halme ... und die Blumen ... Ihre leichte Bewegung im Wind ... Sie geben leicht nach und kommen dann wieder auf ihren Platz zurück ... Immer wieder bewegt sie der Wind ... Immer wieder bewegen sie sich zurück ... Immer wieder bemüht sich der Wind ... Immer wieder bemühen die Blumen sich ...

Die Bewegung des Windes ist ganz einfach ... Das Bemühen der Blumen und Gräser zurückzukommen, ist ganz einfach ... Niemand beklagt sich ... Oder ist das Geräusch von Gräsern und Wind eine Klage? ... Das Geräusch ist schön ...

Eine Biene fliegt von Blume zu Blume und sammelt Nektar. Im Bienenstock wird daraus süßer Honig gemacht. Blume um Blume fliegt sie an, ohne Klage ... Sie möchte den Nektar sammeln ... Die ganze Freude der Biene ist in ihrem Flug ...

Alexander hat sich hingehockt. Er beobachtet einen Marienkäfer, der einen langen Halm aufwärtsklettert ... Emma setzt sich neben ihn ... Die beiden sind ganz still ... Lange beobachten sie den Marienkäfer ... Der ist schon ziemlich hoch gestiegen, als der Grashalm sich unter seinem Gewicht zu beugen beginnt ... Zur Sonne wollte der Marienkäfer steigen – und nun sinkt er durch seine Schwere mit der Blattspitze wieder hinab ... Aber er kümmert sich nicht darum, sondern klettert einfach zum nächsten Grashalm und wieder hoch, wo der Himmel blau leuchtet ...

Emma flüstert: „Was für ein dummer Käfer!"

Alexander sagt nichts. Ihm ist eingefallen, dass er sich auch oft so müht, wie der Käfer. Dass er auch ins Freie möchte, aber vorher etwas erledigen muss ... die Hausaufgaben zum Beispiel ...

„Aber vielleicht gefällt ihm das Klettern sogar, was meinst du?", fragt Emma.

„Ich glaube schon", sagt Alexander. „Ich glaube, dem Käfer gefällt alles, was er macht. Jedenfalls macht er es immer weiter, auch wenn es nicht klappt."

„Und gar nicht klappen *kann*", sagt Emma. „Ist doch klar, dass der Grashalm sich biegt. So kommt der Käfer nie hoch!"

Alexander überlegt, ob er Emma von den Hausaufgaben erzählen soll – aber da ruft sie erstaunt: „Schau!"

Alexander schaut – und tatsächlich! Der Marienkäfer hat es geschafft! Irgendwie ist er so weit am Grashalm gekommen, dass er die Flügel ausbreiten konnte. Nun schwirrt er in den Himmel hinein."

„Gute Reise", winkt Emma ihm nach.

„Hoffentlich hat es auch Spaß gemacht", sagt sie dann.

„Eigentlich ist es am besten, wenn man alles mit Freude macht", sagt Alexander. „Wenn es klappt, macht es dann doppelt Freude. Und wenn es nicht klappt, hat man wenigstens beim Versuchen Freude gehabt."

Emma lacht. „Jedenfalls hat der Marienkäfer es immer von Neuem probiert."

Alexander denkt wieder an die Hausaufgaben. Und nimmt sich vor, das nächste Mal zu probieren, wie er Freude mit ihnen haben kann. Vielleicht, indem er sich vorstellt, wie sie am Schluss im Heft stehen werden. Vielleicht, indem er sie macht wie ein Spiel. Vielleicht, indem er etwas mit ihnen verbindet, das ihm gefällt.

Vom Baum an der Wiese hat das Eichhörnchen Flix die Kinder beobachtet. Ob es auch den Marienkäfer gesehen hat? Der Käfer ist doch so klein.

Aber Flix sieht die Nüsse in den Büschen reifen und freut sich darauf, sie bald für den Winter zu vergraben.

Der Wind geht wieder über die Wiese ... Und da taucht die Treppe auf ... Schritt für Schritt kannst du aufwärts steigen, mit jeder Stufe etwas weiter hinauf ...

Mit jeder Stufe, die du steigst, kannst du spüren, wie du wacher wirst ... Die Bilder von der Wiese, vom Marienkäfer, von Emma und Alexander sind weiter in dir, tief geborgen. Du steigst mit ihnen immer schneller aufwärts ins Wache, Stufe um Stufe. Mit jeder Stufe nehmen die Kraft und die Wachheit in dir weiter zu ... Die Leichtigkeit ist immer noch da, tief in dir ... Und eine Freude ...

Wenn du soweit bist, dass sich die Augen öffnen möchten, dann lass das einfach geschehen ... Atme einmal tief durch! Reck dich und streck dich ...

Hefte auf und Hefte zu

Mach es dir ganz bequem ... Und während du dich noch räkelst, kannst du tief in dir schon beginnen, ruhiger zu werden ... Und deine Augen können sich schließen – oder eine Stelle im Raum suchen, an der sie verweilen möchten, bis sie sich irgendwann schließen wollen ... Und deine Ohren hören vielleicht Geräusche um dich ... aus dem Raum ... oder von draußen ... oder anderswoher ... Irgendwann kann jede Bewegung ganz gleichgültig werden und du kannst noch besser zu hören beginnen ... und kannst noch besser zu spüren beginnen, vielleicht deine Augen, das angenehme Gefühl, wenn sie ruhen ... ohne Ziel ... einfach so ... wie man ruhen kann, wenn man eine Geschichte hört ...

In der Ruhe kann eine Treppe sein, die vor dir immer tiefer hinabführt ... immer tiefer hinein in die Ruhe ... Stufe um Stufe geht es hinab in die Ruhe ... Mit jeder Stufe kann die Ruhe in dir größer werden ... Je tiefer du steigst, umso angenehmer kann sich die Ruhe in dir ausbreiten ... Stufe um Stufe steigst du weiter hinab in die Ruhe ...

Mit jeder Stufe kann die Bereitschaft in dir größer werden ... zu lauschen ... der Stimme zu folgen ... Stufe um Stufe ... dorthin hinab, wo die Ruhe immer noch größer wird, und deine Bereitschaft ...

Da ist nur die Treppe, Stufe um Stufe steigst du hinab ... Da ist die Ruhe, die immer noch etwas größer werden kann ... Da ist die Bereitschaft zu lauschen, was sich in der Ruhe ereignet ...

Die Treppe endet auf einer Wiese ... Am Gartentisch sitzen Alexander und Emma. Sie haben ihre Hausaufgaben vor sich, aber die Hefte sind zugeschlagen. „In der Ruhe liegt die Kraft", sagt Emma.

Die beiden schließen die Augen und stellen sich tief in sich ihren Ruheort vor ... Flix, das Eichhörnchen, beobachtet sie von seinem Platz im Wipfel des großen Baumes ... Es hat seinen eigenen Ruheort in sich, den es niemandem verrät ...

Die Kinder öffnen wieder die Augen und schlagen die Hefte auf. Konzentriert überprüfen sie noch einmal ihre Ergebnisse.

„So!" Sie schlagen ihre Hefte zu und stehen auf.

„Seit ich die Aufgaben sorgfältiger mache, bin ich in der Schule besser. Und die Aufgaben machen viel mehr Spaß", sagt Alexander.

„Eigentlich ist es umgekehrt", behauptet Emma. „Seit ich in der Schule besser bin, mache ich die Aufgaben viel lieber und deshalb auch sorgfältiger."

„Dann könnten uns die Lehrer doch einfach gleich gute Noten geben, damit wir die Aufgaben lieber machen", sagt Alexander.

„Könnten sie, tun sie aber nicht", sagt Emma. Die Kinder lachen.

Auch Flix, das Eichhörnchen, kichert in seinem Baum, wenn es auch nicht genau weiß, warum. Aber kichern ist auf jeden Fall gut.

Die Kinder gehen über die Wiese in den Wald. Sie wollen Haselnüsse sammeln. Flix springt in gehörigem Abstand hinter ihnen her.

Flix überprüft jeden Schritt, den er tut – das geht ganz automatisch, so schnell, dass er es gar nicht merkt. Auch Emma und Alexander überprüfen jeden Schritt durch das Gras. Auch bei ihnen geht das ganz automatisch. Etwas in ihnen macht das so schnell, dass sie es gar nicht merken. Von klein auf hat etwas in ihnen das gelernt und sie können es, ohne nachzudenken.

Die Schulaufgaben haben die Kinder nicht von klein auf gelernt, sondern erst, seit sie in der Schule sind. Da müssen sie selbst daran denken, genau hinzuhören und jede Aufgabe zu überprüfen. Ob sie richtig gelesen haben. Ob sie richtig verstanden haben. Ob sie richtig gelöst haben. Ob sie die Lösung richtig hingeschrieben haben.

Vielleicht kennst du das auch – oder etwas davon. Vielleicht ist es auch dir möglich, etwas genau zu kontrollieren ... Ob sich dein Finger bewegt ... Das ist klar ... Ob du etwas richtig verstanden hast ... Das ist nicht immer klar. Manchmal merkt man erst hinterher, dass irgendetwas nicht stimmt ... Und wird verwirrt ... Und macht trotzdem weiter ... Kontrollieren, ob alles klar ist, ist gut ... Und dann weitermachen ... Und auch die Lösung noch einmal kontrollieren ... Wenn Zeit ist ...

Flix hat in den Spuren der Kinder eine Haselnuss gefunden. Er nimmt sie auf und vergräbt sie schnell in einem Versteck zwischen den Wurzeln der alten Eiche ... Hoffen wir, dass er die Nuss wiederfindet, im Winter, wenn er sie braucht ...

Die Kinder sind weitergegangen, hinein in den Wald, den sie gut kennen ... Es macht ihnen Freude, immer wieder einmal darauf zu achten, was geschieht ... Immer wieder einmal zu stehen, die Augen zu schließen, selbst gar nichts zu tun, nur zu lauschen ... Oder die Stämme der Bäume zu berühren, über sie zu streichen, wie verschieden sie sich anfühlen ... Einfach darauf achten, was ist ...

Vor dir taucht wieder die Treppe auf ... Schritt für Schritt kannst du aufwärts steigen, mit jeder Stufe etwas weiter hinauf, in den wachen Raum deines Lebens ...

Mit jeder Stufe, die du steigst, kannst du spüren, wie du wacher wirst ... Die Bilder von Flix und Emma und Alexander sind weiter in dir, tief geborgen. Du steigst mit ihnen immer schneller aufwärts ins Wache, Stufe um Stufe. Mit jeder Stufe nehmen die Kraft und die Wachheit in dir weiter zu ... Die Leichtigkeit ist immer noch da, tief in dir ... Und eine Freude ...

Wenn du soweit bist, dass sich die Augen öffnen möchten, dann lass das einfach geschehen ... Atme einmal tief durch! Reck dich und streck dich ...

Schlaf

Die meisten Kinder zeigen irgendwann Schlafprobleme, manchmal hartnäckig, manchmal nur vorübergehend. Beunruhigend ist das zwar in aller Regel nicht – viel schöner für Kind und Eltern wäre aber doch ein guter Schlaf!

Vor allem bei Einschlafproblemen können dabei Gutenachtgeschichten helfen. Besonders gut können Kinder mit verschiedenen Geschichten, die Entspannungselemente ‚eingebaut' haben, zur Ruhe finden. Entspannungsgeschichten, Fantasie- oder Traumreisen erfreuen sich deshalb einer weiten Verbreitung. Relativ neu und mit noch stärkerem Rückgriff auf Elemente professioneller Entspannung, sind Trance-Geschichten.

Trance-Geschichten gibt es für viele Bereiche und Probleme des Lebens. Dieses Kapitel konzentriert sich ganz auf Entspannung, Schlaf und Traum. *Trance* bedeutet in diesem Zusammenhang einfach tiefe Entspannung, eine Vorbereitung auf den Schlaf. Die einzelnen Geschichten haben innerhalb dieses Bereichs einen jeweils eigenen Schwerpunkt. Generell eignen sich alle dazu, Kindern mit Einschlafproblemen zu helfen, leichter zur Ruhe zu kommen.

In Trance-Geschichten kommen noch stärker als bei anderen Geschichten eine Lenkung der Aufmerksamkeit des Kindes sowie Suggestionen zum Einsatz. Schlaffördernde Bilder und Begriffe werden angesprochen und bestärkt. Die Gedanken des Kindes werden mit psychologisch fundierten Formulierungen gelenkt und in eine Bereitschaft für Entspannung und Schlaf versetzt.

Trance-Geschichten bestehen aus einer Einleitung, der Trance-Induktion, einem Hauptteil – und normalerweise noch einer Ausleitung oder Rückführung. In ihr wird die tiefe Entspannung zurückgenommen, das Kind wieder bereit für Wachheit und Aktivität gemacht. Bei Trance-Geschichten zum besseren Einschlafen entfällt dieser Teil. Die Trance sollte bleiben, das Kind so gut entspannt sein, dass es bald von selbst in den Schlaf findet.

Auch wenn die Einschlafprobleme andere Ursachen als eine beeinträchtigte Entspanntheit des Kindes haben, können Trance-Geschichten helfen. Dann sollte aber außerdem ein Psychologe oder ein Arzt zur Beschäftigung mit den zugrundeliegenden Problemen besucht werden.

Besonders günstig ist es, wenn die Trance-Geschichte ihren festen Platz in einem Zubettgehritual bekommt. Ein solches kann ganz individuell aussehen. Es sollte aus einer Reihe von aufeinanderfolgenden Aktivitäten bestehen, die dem Kind signalisieren: Es ist Schlafenszeit, das Zubettgehen rückt näher. Gewohnheit, Regelmäßigkeit und Überschaubarkeit sind sehr wichtig für Kinder, gerade um die Zubettgehzeit.

Die Trance-Geschichte kann ganz am Ende des Rituals stehen: Das Kind hat die Zähne geputzt, liegt im Bett, hört zum Abschluss des Tages noch eine Geschichte. Wir können sie ruhig Gutenachtgeschichte nennen, wenn sie sich sonst auch deutlich von traditionellen Gutenachtgeschichten unterscheidet.

Wie alle Trance-Geschichten sollten auch die zur Guten Nacht besonders *langsam* vorgelesen werden. Die Geschichten lassen sich auf Tonträger aufnehmen und dem Kind zur Nacht abspielen. Vorlesen ist aber meist besser. Die Gegenwart des Erwachsenen bringt durch seine Vertrautheit noch ein Stück Entspannung dazu.

Zur Regelmäßigkeit am Abend kann sich so noch eine Trance-Geschichte zur Nacht gesellen. Wenn alle Trance-Geschichten des Buches mindestens einmal zum Einsatz kamen, kann das Kind in den folgenden Nächten selbst wählen, welche es hören will.

Die Traumwiese

(Zum leichteren Einschlafen im Bett)

Leg dich bequem hin ... Während du spürst, wie dein Körper die Unterlage berührt, kannst du schon beginnen, ruhiger zu werden ... Und deine Augen können beginnen, eine Stelle im Raum zu suchen, an der sie verweilen wollen ... Und während du diese Stelle ansiehst, hörst du vielleicht Geräusche um dich ... aus dem Raum ... oder von draußen ... oder anderswoher ... Und während du immer noch die Stelle betrachtest, kann sie immer gleichgültiger werden ... Und dann kann es gut sein, dass du, irgendwann, die Augen schließen möchtest ... so wie man die Augen schließt, um eine Geschichte zu hören ...

Wenn du darauf achten willst, spürst du deinen Atem gehen, ein und aus, ein und aus, ganz ruhig und gleichmäßig, ganz von allein ... Du spürst, dass es ganz einfach sein kann, auszuatmen und beim Ausatmen die Luft loszulassen, dass sie einfach im Raum verschwindet ...

Vielleicht ist es dir sogar schon möglich zu spüren, wie dein Körper schwer im Bett liegt ... Die Schwere deines Körpers kann ein gutes Gefühl sein ... Es kann so wohl tun, in dieser Schwere sich ganz, ganz langsam zu bewegen ... fast unmerklich langsam sich zu bewegen ... dem Körper zu erlauben, sich wohlzufühlen ... und langsam ... zur Ruhe zu kommen ...

Vielleicht ist es dir auch schon möglich, die Wärme zu spüren, die aus der Ruhe kommt ... zu spüren, wie die Wärme angenehm ist ... wie sie müde macht, angenehm müde ... Wie die Wärme tief in dir strömt und sich die Müdigkeit überall in dir ausbreitet ... Müde und warm ... wie gut das doch ist ...

Und aus dieser Wärme können Bilder aufsteigen und Platz haben, sich zu entfalten. So kann es ganz einfach sein, eine Weile in Bildern zu leben ...

Vielleicht ist dabei das Bild einer Wiese, mit den Blumen der Nacht ... den Blumen der Träume ... Manche schimmern in einem dunklen Rot, andere in einem dunklen Blau ... Ich weiß nicht, ob gerade ein leichter Wind weht ... das siehst du nur selbst, an den leichten Bewegungen der Blumen und der Grashalme ...

Über der Wiese liegt Mondlicht ... Im Mondlicht scheint alles verzaubert ... Alles scheint noch stiller, als es schon ist ... Alles scheint langsamer, als es schon ist ... Alles scheint noch gelassener, als es schon ist ... Alles ist schön ...

Vielleicht krabbelt dort ein schöner Käfer auf der Suche nach seiner Blume des Schlafs ... ein Marienkäfer vielleicht oder ein anderes Insekt ... Ganz langsam bewegt sich der Käfer, klettert ganz langsam einen Grashalm hinauf ... und von der Spitze des Grashalms an den Stängel einer Traumblume ... Langsam, ganz langsam steigt er den Stängel hinauf ... Er klettert hinein in den Blumenkelch und macht es sich dort gemütlich ... Langsam schließt er ein Auge ... dann schließt er auch das andere Auge ... und liegt nun ganz ruhig ... Vielleicht schläft er schon ... vielleicht träumt er schon ... leicht von seiner Traumblume gewiegt ...

Mitten in der Traumwiese steht ein mächtiger Baum ... Seine breiten, ausladenden Äste zeigen seine Stärke ... Auf einem Ast sitzt eine Eule und wacht über die Wiese ... Gerade hat sie beide Augen geöffnet. Die Augen leuchten wie zwei kleine Monde ... Vielleicht kannst du die Ruhe dieser Augen spüren ...

Die Eule sitzt ganz ruhig ... Die einzige Bewegung geschieht gerade jetzt, wenn sie eines der Augen schließt ... Das andere Auge schaut ruhig über die Traumwiese ... Du spürst in ihm alle Ruhe der Welt ... Der ruhige Blick der Eule scheint die Wiese noch ruhiger zu machen ... Vielleicht spürst du mit deinem Atem, wie die Luft noch sanfter wird, wie sie immer noch mehr Ruhe verbreitet ...

Die Geräusche, die du vielleicht noch hörst, sind die Geräusche der Stille ... Jedes Geräusch, das du hörst, vertieft die Stille noch ... Jedes Geräusch, das du hörst, macht die Ruhe noch tiefer ...

Vielleicht riechst du auch etwas von den Düften der Wiese ... Die Düfte der Traumblumen mischen sich in der Wärme der Luft ... Jede Bewegung der Luft verändert den Duft ... Jede Veränderung des Duftes macht die Ruhe noch größer ...

So wird die Ruhe immer noch tiefer in dir ... Die Traumblumen wiegen noch immer im Wind ... Der Blick der Eule ruht noch immer über der Wiese ... Und während all das geschieht, kannst du in den Bildern träumen und immer tiefer sich die Ruhe in dir ausbreiten lassen ...

Vielleicht erinnerst du dich ...

(Zum leichteren Einschlafen im Bett)

Leg dich bequem hin ... Während du spürst, wie dein Körper die Unterlage berührt, kannst du beginnen, ruhiger zu werden ... Und deine Augen können beginnen, eine Stelle im Raum zu suchen, an der sie verweilen wollen ... Und während du diese Stelle ansiehst, hörst du vielleicht Geräusche um dich ... aus dem Raum ... oder von draußen ... oder anderswoher ... Und während du immer noch die Stelle betrachtest, kann sie immer gleichgültiger werden ... Und dann kann es gut sein, dass du, irgendwann, die Augen schließen möchtest ... so wie man die Augen schließt, um eine Geschichte zu hören ...

Stell dir in Gedanken eine breite Treppe vor, die vor dir beginnt und immer tiefer führt ... Geh langsam die Treppe hinab, Stufe um Stufe ... Mit jeder Stufe kann die Ruhe in dir größer werden ... Je tiefer du steigst, umso größer wird die Ruhe in dir, Stufe um Stufe ...

Mit jeder Stufe kann die Bereitschaft in dir größer werden, einfach zu lauschen ... der Stimme zu folgen ... Stufe um Stufe ... dorthin hinab, wo die Ruhe immer noch größer wird, und deine Bereitschaft ...

Da ist nur dein Gang von Stufe zu Stufe hinab ... Da ist die Ruhe, die immer noch größer werden kann ... Da ist das Lauschen, was sich in der Ruhe ereignet ...

Die Stufen enden auf einer Wiese. Du gehst nun über Gras, langsam, in dir die Ruhe all der Stufen, die du gegangen bist ... Alles ist auf diesem tiefen Land zur Ruhe gekommen ...

Vielleicht kannst du dich an die Ruhe erinnern, an ihre kleinen Geräusche, im Bett vielleicht, wenn sich die Decke noch ein wenig bewegt, wenn du dich bewegst ... Oder wenn du ganz still auf etwas geschaut hast, einen Vogel vielleicht oder ein Reh ... Wenn die sich ein wenig bewegen und zu dir schauen, die Ruhe im Blick ihrer Augen ... Das kann auch die Ruhe in dir sein ...

Auch in Gerüchen kann sich die Ruhe zeigen ... An Gerüchen, die dir vertraut sind, an die du dich erinnerst, vielleicht ohne zu wissen, woher ... Oder die dich neugierig machen ...

Die Ruhe kann sich auch im Licht zeigen, wenn es aufgehört hat, ganz hell zu sein, wenn es schön dämmerig geworden ist ... wohlig ... gemütlich ...

Die Blumen können ganz ruhig sein ... Und wenn du eine davon betrachtest, kann die Ruhe der Blume noch tiefer werden ... Und die Ruhe der Blume kann, wenn du sie berührst, auf dich übergehen ...

Ich weiß nicht, ob die Ruhe der Blumen dann noch eine andere ist, als die Ruhe in dir ... Vielleicht sind sie dieselbe Ruhe ... Vielleicht hängt alle Ruhe der Welt irgendwie miteinander zusammen ...

Vielleicht erinnerst du dich auch an die Schwere ... Wie du dich wohlig schwer gefühlt hast, so schwer, dass du dich gar nicht mehr bewegen wolltest ... oder nur ganz langsam ... in dieser wohligen Schwere ... Wie dein Gewicht auf der Unterlage ruhte, angenehm, und sich kaum mehr bewegen wollte, weil alles so gut war ... angenehm schwer ...

Die Schwere von großen Vögel kann so sein, wenn sie fliegen ... Oder die Schwere von Walen, die durch das Wasser des Ozeans ziehen, ganz leicht ...

Vielleicht erinnerst du dich auch an die Wärme ... An die Wärme in deinem Bett vielleicht, die zunächst, wenn du unter die Decke schlüpftest, noch gar nicht so groß war, die aber immer wärmer wurde, je länger du lagst, einfach indem du da warst, indem du zulässt, ganz einfach zu liegen, ohne dass es nötig wäre, irgendetwas zu tun ... Außer vielleicht auf die Luft zu lauschen ... Die ruhige, warme Bewegung der Luft ...

Vielleicht sind da noch andere Geräusche, die du kennst, die dir vertraut sind oder vertraut werden können, wenn du so ganz in der Ruhe liegst ... Bei jedem Geräusch, das du hörst, kann die Ruhe noch tiefer werden ... Achte auf die Geräusche um dich und die Ruhe in dir ... Vielleicht kannst du so spüren, wie die Ruhe immer noch tiefer wird ...

Vielleicht hörst du dabei auch deinen Atem ... der ein- und ausströmt, ganz von allein ... Und der mit jedem Atemzug die Ruhe vertiefen kann, wenn du es einfach geschehen lässt ... Achte so einfach auf deinen Atem und spüre, wie die Ruhe in dir immer noch tiefer wird ...

Dein Atem strömt ein und aus, ein und aus, ganz ruhig und gleichmäßig, ganz von allein ... Du spürst, dass es ganz einfach sein kann, auszuatmen und beim Ausatmen die Luft loszulassen, dass sie einfach im Raum verschwindet ... und die Ruhe im Raum immer noch größer macht ... und die Ruhe in dir immer noch größer macht ...

In allen Zimmern die Ruhe

(Zum leichteren Einschlafen im Bett)

Leg dich bequem hin ... Während du spürst, wie dein Körper die Unterlage berührt, kannst du schon beginnen, ruhiger zu werden ... Und deine Augen können beginnen, eine Stelle im Raum zu suchen, an der sie verweilen wollen ... Und während du diese Stelle betrachtest, kann sie zu verschwimmen beginnen ... Und während das geschieht, hören deine Ohren vielleicht Geräusche um dich ... aus dem Raum ... oder von draußen ... oder anderswoher ... Und während du immer noch die Stelle betrachtest, kann sie immer gleichgültiger werden ... Und dann kann es gut sein, dass du, irgendwann, die Augen schließen möchtest ... so wie man die Augen schließt, um eine Geschichte zu hören ...

Stell dir in Gedanken eine breite Treppe vor, die vor dir beginnt und immer tiefer führt ... Geh langsam die Treppe hinab, Stufe um Stufe ... Mit jeder Stufe kann die Ruhe in dir größer werden ... Je tiefer du steigst, umso größer wird die Ruhe in dir, Stufe um Stufe ...

Mit jeder Stufe kann die Bereitschaft in dir größer werden, einfach zu lauschen ... der Stimme zu folgen ... Stufe um Stufe ... dorthin hinab, wo die Ruhe immer noch größer wird, und deine Bereitschaft ...

Da ist nur dein Gang von Stufe zu Stufe hinab ... Da ist die Ruhe, die immer noch größer werden kann ... Da ist das Lauschen, was sich in der Ruhe ereignet ...

Du kannst darauf achten, wie es sich anfühlt, einfach hier zu sein, die Stimme zu hören, vielleicht auch die kleinen Geräusche von Bewegungen ... Einfach hier sein und ruhig liegen ... In der Ruhe ist es möglich, besser zu hören, vielleicht sogar die Ruhe selbst zu hören, die kleinen ruhigen Geräusche, die selbst die Ruhe macht ... In der Ruhe ist es möglich, die Ruhe immer noch größer werden zu lassen ...

Wenn du darauf achtest, kannst du vielleicht sogar schon die Ruhe der Wände spüren ... Und die Sicherheit, die in diesem ruhigen Einfach-nur-Dasein atmet ... in allen Wänden um dich ist warme Ruhe und Sicherheit ... In der Decke und im Fußboden sind warme Ruhe und Sicherheit ... Du bist geborgen in Ruhe und Sicherheit ... Geborgen in Ruhe und Sicherheit ...

Vielleicht kannst du versuchen, die Ruhe in den Gegenständen des Zimmers zu finden ... Überall, wo du in Gedanken hinschaust, beginnt die Ruhe stärker zu werden, tiefer zu werden ... In der Lampe spürst du die Ruhe vielleicht ... Vielleicht sind da auch andere Gegenstände, in denen du die Ruhe spürst ... Und du spürst, wie die Ruhe noch größer wird ... ...

Vielleicht kannst du dir auch die Ruhe in anderen Zimmern der Wohnung vorstellen ... Und dir vorstellen, wie sie dort auch für dich da ist und über dir wacht ... Vielleicht mit den kleinen Geräuschen eines Fernsehers oder von Stimmen, die sich unterhalten, oder einfach nur, weil da andere Menschen sind ...

Die Wärme und wohlige Dunkelheit können immer noch angenehmer werden ... Die Ruhe kann beginnen, immer weitere Räume um dich zu ziehen ... Sie kann alles um dich mit noch stärkerer Ruhe zu erfüllen beginnen ... So sinkst du inmitten der Ruhe immer noch tiefer hinein in die Ruhe ...

Du spürst die Ruhe und Sicherheit deines Atems ... Und du spürt, wie du von ihm getragen bist ... wie er durch dich strömt und die Ruhe immer noch stärker macht ... Vielleicht kannst du dir vorstellen, wie dein Atem die Ruhe überall in deinen Körper trägt ...

Bei jedem Ausatmen strömt dein Atem in deine Hände und lässt die Ruhe dort größer werden ... Bei jedem Ausatmen strömt der Atem in deine Hände und vergrößert die Ruhe dort ...

Bei jedem Ausatmen strömt der Atem durch deinen Bauch und lässt die Ruhe dort größer werden ... Bei jedem Ausatmen strömt der Atem durch deinen Bauch und vergrößert die Ruhe dort ...

Bei jedem Ausatmen strömt dein Atem in deine Füße und lässt die Ruhe dort größer werden ... Bei jedem Ausatmen strömt der Atem in deine Füße und vergrößert die Ruhe dort ...

Bei jedem Ausatmen strömt dein Atem in deinen Kopf und lässt die Ruhe dort größer werden ... Bei jedem Ausatmen strömt der Atem in deinen Kopf und vergrößert die Ruhe dort ...

Alle Gedanken können sich treiben lassen, wie Wolken ... Aus der Ruhe tauchen sie auf ... in der Ruhe schwinden sie hin ... Die Ruhe wird immer größer in dir ...

Der Weg um den See

(Zur Ruhe kommen)

Leg dich bequem hin ... Während du spürst, wie dein Körper die Unterlage berührt, kannst du beginnen, ruhiger zu werden ... Und deine Augen können beginnen, eine Stelle im Raum zu suchen, an der sie verweilen wollen ... Und während das geschieht, hören deine Ohren vielleicht Geräusche um dich ... aus dem Raum ... oder von draußen ... oder anderswoher ... Und während du immer noch die Stelle betrachtest, kann sie immer gleichgültiger werden ... Und dann kann es gut sein, dass du, irgendwann, die Augen schließen möchtest ... so wie man die Augen schließt, um eine Geschichte zu hören ...

Wenn du darauf achten willst, spürst du deinen Atem gehen, ein und aus, ein und aus, ganz ruhig und gleichmäßig, ganz von allein ... Du spürst, dass es ganz einfach sein kann, auszuatmen und beim Ausatmen die Luft loszulassen, dass sie einfach im Raum verschwindet ...

Und während du so deinen Atem loslässt, könntest du dich fragen, ob es möglich ist, auch anderes loszulassen ... Und während der Atem in dir immer wieder neu entsteht und vergeht, könnte es in dir immer ruhiger werden. Da könnte in dir eine gute Ruhe entstehen, in der Bilder aufsteigen und Platz haben, sich zu entfalten. So kann es ganz einfach sein, eine Weile in Bildern zu leben ...

Bilder gibt es viele in jedem Menschen und auch in dir. Manche sind vielleicht bunt und manche grau, manche sind klar und einfach, andere sind wirre oder schwer zu verstehen, manche zeigen sich ganz leicht, andere wollen gerufen werden ...

Da kann ganz einfach ein See sein ... Du gehst einen Weg rund um den See ...

An einer Stelle steht Schilf am Ufer. Wind weht und die Halme bewegen sich. Du kannst sie vielleicht rauschen hören ...

Eine Libelle steht in der Luft über dem Schilf. Du kannst ihren schmalen Leib betrachten, wie er in allen Regenbogenfarben glänzt. Ihre Flügel sind fast unsichtbar, so schnell schlagen sie. Doch die Libelle bewegt sich ganz langsam, fast unmerklich. Sie wirkt ganz ruhig ... Plötzlich fliegt sie hinaus auf den See ...

Du gehst weiter den Weg um den See ... Und du kommst an einem Holzsteg vorbei, an dem ein Boot festgebunden ist. Leicht schaukelt es auf dem Wasser. Auf dem Steg sonnen sich Enten. Sie liegen gemütlich auf dem Holz in der Sonne ...

Du gehst weiter den Weg um den See ... Ein alter Baum lässt seine Zweige fast bis ins Wasser hängen. Leicht pendeln sie im Wind über das Wasser ... Sie pendeln hin und her, so wie der Wind weht ... Sie lassen sich vom Wind leicht bewegen ...

Du gehst weiter den Weg um den See ... bis zu einer Stelle, an der ein kleiner Bach in den See mündet. Du beobachtest, wie die Bewegung des Baches ganz in die unbewegte Ruhe des Sees mündet und in ihm verschwindet. Das Wasser des Baches ist nun enthalten in der Ruhe des Sees ...

Vieleicht schlafen Fische auf dem Grunde des Sees ... Vielleicht liegt dort ein großer Fisch, hat die Augen geschlossen und träumt ... Aus seinem Maul quellen ab und zu Luftblasen ... Die Blasen steigen das Wasser hinauf ... An der Oberfläche öffnen sie sich dem Himmel, vergehen in ihm ...

Du gehst weiter den Weg um den See ... Und du kommst an die Stelle, wo du deine Runde begonnen hast und bleibst stehen. Du schaust über das Wasser. Leichte Silberwellen laufen über die Fläche. Ein Schmetterling tanzt im Wind ...

Die Ruhe des Sees ist die Ruhe in dir ... Vielleicht spürst du hier am Ufer so etwas wie den Atem des Sees ... Und du spürst den Atem in dir ... Du fragst dich vielleicht, ob es sein kann, dass aller Atem der Welt miteinander zusammenhängt, so wie die Luft zusammenhängt, die wir atmen ... Du fragst dich, ob dein Atem und der Atem des Sees irgendwie zusammenhängen ... Vielleicht über die Luft ... oder über die Sonne ... oder über die Ruhe, die in beiden ist und die in dir immer noch tiefer werden kann, wenn du die Ruhe des Sees betrachtest ...

So liegst du einfach und träumst. Und du spürst die Ruhe des Sees in dir, die immer noch größer wird ...

Wolken im Wind

(Zum Verändern belastender Gedanken)

Leg dich bequem hin ... Während du spürst, wie dein Körper die Unterlage berührt, kannst du schon beginnen, ruhiger zu werden ... Und deine Augen können beginnen, eine Stelle im Raum zu suchen, an der sie verweilen wollen ... Und während du diese Stelle ansiehst, hören deine Ohren vielleicht Geräusche um dich ... aus dem Raum ... oder von draußen ... oder anderswoher ... Und während du immer noch die Stelle betrachtest, kann sie immer gleichgültiger werden ... Und dann kann es gut sein, dass du, irgendwann, die Augen schließen möchtest ... so wie man die Augen schließt, um eine Geschichte zu hören ...

Stell dir in Gedanken eine breite Treppe vor, die vor dir beginnt und immer tiefer führt ... Geh langsam die Treppe hinab, Stufe um Stufe ... Mit jeder Stufe kann die Ruhe in dir größer werden ... Je tiefer du steigst, umso größer wird die Ruhe in dir, Stufe um Stufe ...

Mit jeder Stufe kann die Bereitschaft in dir größer werden, einfach zu lauschen ... der Stimme zu folgen ... Stufe um Stufe ... dorthin hinab, wo die Ruhe immer noch größer wird, und deine Bereitschaft ...

Da ist nur dein Gang von Stufe zu Stufe hinab ... Da ist die Ruhe, die immer noch größer werden kann ... Da ist das Lauschen, was sich in der Ruhe ereignet ...

In der Ruhe können Gedanken aufsteigen und wieder verschwinden ... Das ist wie ein See, aus dem Blasen vom Grund aufsteigen, durch das Wasser nach oben taumeln und sich oben in der Luft öffnen und vergehen ... Im weiten Himmel vergehen ...

Wie die Blasen können auch Gedanken kommen und vergehen ... Oder wie Wolken im Wind ...

Der Wind nimmt alle Gedanken mit sich, sie ziehen, ziehen, durch den leeren Himmel ... Eine Wolke kann ganz hell sein, weiß, sie treibt im Wind durch den Himmel ... Eine Wolke kann dunkel sein, sie treibt im Wind durch den Himmel ...

Noch langsamer als ihre Bewegungen im Himmel ist ihre Bewegung in sich selbst, wie sie langsam ihre Formen verändert ... So können auch Gedanken sich verändern, sie können kommen, sie können sich ändern und sie können wieder vergehen ...

Wie die Wolken den Himmel verändern können, so können Gedanken unseren Geist und unsere Gefühle verändern. Sie können uns froh machen oder traurig oder wütend ... Sie können machen, dass sich unsere Muskeln anspannen und verkrampfen ... und sie können unsere Muskeln locker und leicht machen ... Wie Wolken den Himmel verändern ...

Wie die Wolken sich verändern, ist es möglich, auch Gedanken zu verändern. Wenn du traurig bist, kannst du die Traurigkeit noch größer machen, wenn du an etwas Trauriges denkst ... Und du kannst beginnen, die Traurigkeit leichter und schöner zu machen, indem du an etwas Schönes denkst ... Du kannst noch wütender werden, wenn du an etwas denkst, dass dich noch wütender macht ... Und du kannst weniger wütend werden, wenn du an etwas denkst, das du witzig findest oder das du schön findest ... Wenn du an einen Witz oder etwas Spaßiges denkst, kannst du vielleicht feststellen, wie sich dein Gesicht verändert ... wie sich die Mundwinkel verändern, wie sich die Stirn verändert ... So kannst du dir vornehmen, an einen Witz zu denken, wenn du merkst, dass du beginnst, wütend zu werden oder traurig ...

Gedanken folgen aufeinander. Jeder Gedanke will einen anderen nach sich ziehen, der ihm ähnlich ist. Wenn dir ein Gedanke gefällt, dann kannst du einfach zulassen, dass er einen Gedanken nach sich zieht, der ihm ähnlich ist ... Wenn dir ein Gedanke nicht gefällt oder du ihn ungut findest, um Ruhe zu finden, dann kannst du dir einfach Gedanken überlegen, die dich zur Ruhe kommen lassen ...

Es ist auch möglich, Gedanken aufzuheben, zu bewahren, sie später zu haben, am nächsten Tag vielleicht oder in einer Woche ... So kannst du einen Gedanken, der dich jetzt nicht zur Ruhe kommen lässt, in deinem Geist für später bewahren. Du kannst ihn in einen besonderen Raum stecken und die Tür hinter ihm zumachen ... Oder du kannst ihn in einen Tresor stecken, in ein Geheimfach, und außen kannst du ein Schild aufhängen: Bis morgen früh ... Oder bis nächste Woche ...

Es ist auch möglich, Gedanken groß oder klein werden zu lassen ... Gedanken und Gefühle, die gut sind, die dich zur Ruhe bringen, kannst du groß werden lassen, ihnen ganz viel Raum geben ... Und Gedanken und Gefühle, die dich nicht zur Ruhe kommen lassen, kannst du klein machen, ihnen wenig Raum geben, sie durchsichtig werden lassen, vielleicht sie sich ganz auflösen lassen ... wie Wolken sich auflösen ... wie Wolken durch den Himmel ziehen und sich verwandeln ... und sich auflösen, im weiten Himmel ...

Vielleicht kannst du dir die Wolken vorstellen, die durch den Himmel ziehen ... durch die große Ruhe des Himmels ... Die Wolken sind selbst ruhig geworden in dieser Ruhe, sie treiben ganz langsam dahin ... Vielleicht kannst du diese große Ruhe auch in dir spüren, im Zug der Wolken ...

Träume

(Schlaferwartung und Träume günstig färben)

Leg dich bequem hin ... Während du spürst, wie dein Körper die Unterlage berührt, kannst du beginnen, ruhiger zu werden ... Und deine Augen können beginnen, eine Stelle im Raum zu suchen, an der sie verweilen wollen ... Und während du diese Stelle ansiehst, hören deine Ohren vielleicht Geräusche um dich ... aus dem Raum ... oder von draußen ... oder anderswoher ... Und während du immer noch die Stelle betrachtest, kann sie immer gleichgültiger werden ... Und dann kann es gut sein, dass du, irgendwann, die Augen schließen möchtest ... so wie man die Augen schließt, um eine Geschichte zu hören ...

Wenn du darauf achten willst, spürst du deinen Atem gehen, ein und aus, ein und aus, ganz ruhig und gleichmäßig, ganz von allein ... Du spürst, dass es ganz einfach sein kann, auszuatmen und beim Ausatmen die Luft loszulassen, dass sie einfach im Raum verschwindet ...

Und während du so deinen Atem loslässt, könntest du dich fragen, ob es möglich ist, auch anderes loszulassen ... Und während der Atem in dir immer wieder neu entsteht und vergeht, könnte es in dir immer ruhiger werden. Da könnte in dir eine gute Ruhe entstehen, in der Bilder aufsteigen und Platz haben, sich zu entfalten. So kann es ganz einfach sein, eine Weile in Bildern zu leben ...

Bilder können schön sein ... Auf schöne Bilder kannst du dich freuen ... Vielleicht auf eine Blumenwiese, auf die vielen Farben der Blumen. Eine nach der anderen kannst du besuchen und anschauen ... Du kannst zu zählen versuchen, wie viele Farben es gibt ...

Schöne Farben machen uns froh ... Vielleicht kannst du versuchen, dir eine Wiese mit besonders schönen Blumen vorzustellen, wenn du an dein Bett und an den Schlaf denkst ... Die Blumen des Schlafes ...

Vielleicht haben sie Stimmen, ganz, ganz leise silberne Stimmchen, die du nur hörst, wenn du ganz genau hinhörst ... Oder ganz leise blaue Stimmchen ... oder ganz leise rote Stimmchen ... Vielleicht flüstern die Blumen des Schlafs deinen Namen ... Jede ein bisschen anders, mit anderer Stimme, jede freundlich ... Wenn du ganz genau hinhören kannst ...

Wie die Bilder am Tag, so sind auch die Bilder der Nacht, deine Träume ... Du kannst dir vornehmen, im Traum an deine Blumenwiese zu denken ... Und du kannst dir vornehmen, die silbernen Stimmchen der Blumen auch im Traum zu hören, wie sie deinen Namen flüstern ... wie die Blumen des Traums dich willkommen heißen, mit ihren schönen Farben, mit ihren silbernen Stimmchen ...

Wenn im Traum andere Bilder kommen, die du nicht magst, kannst du dir vornehmen, diese anderen Bilder des Traums zu verändern ... Du kannst dir die Bilder des Schlafs schön machen ...

Du kannst dir jetzt in Gedanken selbst ein Silberschwert für den Traum schenken, das dich unbesiegbar macht ... Oder einen Wünschestab, jetzt, in Gedanken ... der dich im Traum begleitet und mit dem du deinen Traum verändern kannst, so wie er dir gefällt ...

Jetzt, überlege dir jetzt, wie dein Silberschwert oder dein Wünschestab genau aussehen soll ... und wie du sie mit dir trägst, hinein in den Schlaf und den Traum ...

Ein wirkliches Schwert oder ein wirklicher Stab kommen kaum in den Traum, das kann nur das Silberschwert oder der Wünschestab, die du dir selbst in Gedanken erschaffst ... Nur Gedanken tragen dorthin ... Nur Gedanken haben so viel Kraft ...

Bewahre dein Silberschwert oder deinen Wünschestab sicher in deinen Gedanken ... du musst nicht dauernd an sie denken, du musst ihnen nur einen sicheren Platz geben, wo du sie im Traum jederzeit erreichen kannst ... Wenn du einen solchen Platz gefunden hast, dann kannst du sie wieder vergessen ... und dich an sie erinnern, wenn du sie brauchst ...

Jetzt kann es geschehen, dass die Wiese des Schlafs wieder in deinen Gedanken auftaucht, mit ihren Blumen, mit all den frohen Farben und den silbernen Stimmchen, die deinen Namen flüstern ... Schlaf ein, schlaf ein, schlaf ein ... hörst du auch, in der Luft, vielleicht vom Wind, vielleicht vom Himmel, irgendwoher ...

Wenn du an den Schlaf denkst, an dein Bett, dann kannst du auch an deine Wiese des Schlafs denken ... Wenn du an deine Wiese des Schlafs denkst, dann kannst du auch an die frohen Farben der Blumen denken ... Wenn du an die leisen Farben der Blumen denkst, dann kannst du vielleicht auch die silbernen Stimmchen in dir hören ...

Über die Wiese streicht ein sanfter Wind, ein ruhiger Wind, ein leiser Wind, ein warmer Wind ... Betrachte einfach ein Weilchen die Bewegungen der Wiese unter dem Wind ... Betrachte einfach ein Weilchen, wie sich die Gräser und die frohen Blumen bewegen ...

Nachtschmetterling

(Zum leichteren Einschlafen im Bett)

Leg dich bequem hin ... Während du spürst, wie du die Unterlage berührt, kannst du beginnen, ruhiger zu werden ... Und deine Augen können beginnen, eine Stelle im Raum zu suchen, an der sie verweilen wollen ... Und während du diese Stelle ansiehst, hören deine Ohren vielleicht Geräusche um dich ... aus dem Raum ... oder von draußen ... oder anderswoher ...

Und während du immer noch die Stelle betrachtest, kann sie immer gleichgültiger werden ... Und dann kann es gut sein, dass du, irgendwann, die Augen schließen möchtest ... so wie man die Augen schließt, um eine Geschichte zu hören ...

Stell dir in Gedanken eine breite Treppe vor, die vor dir beginnt und immer tiefer führt ... Geh langsam die Treppe hinab, Stufe um Stufe ... Mit jeder Stufe kann die Ruhe in dir größer werden ... Je tiefer du steigst, umso größer wird die Ruhe in dir, Stufe um Stufe ...

Mit jeder Stufe kann die Bereitschaft in dir größer werden, einfach zu lauschen ... der Stimme zu folgen ... Stufe um Stufe ... dorthin hinab, wo die Ruhe immer noch größer wird, und deine Bereitschaft ...

Da ist nur der Gang von Stufe zu Stufe hinab ... Da ist die Ruhe, die immer noch größer werden kann ... Da ist das Lauschen, was sich in der Ruhe ereignet ...

Die Stufen enden auf einer Wiese, tief unten, im Reich der Ruhe ... Aus der Ruhe kann vieles Gute erscheinen ... vieles Gute entstehen ... auch dieser Nachtschmetterling, der mit dunklen Flügelschlägen freundlich heranflattert ... sich zeigt ... in dunklen Farben, die ruhig machen können ... ein Nachtschmetterling, der sich von allen Seiten zeigt ... Er taumelt hin und her auf seinem Flug ...

Und wo er fliegt, fällt ein geheimnisvoll-freundlicher Schatten auf die Wiese und verwandelt sie in eine Wiese der Träume ... Vielleicht kannst du sehen, wie der Nachtschmetterling über die Wiese fliegt und sie unter seinem Flügelschlag verwandelt ...

Die gelben Blumen verwandeln sich in gelbe Traumblumen ...

Die weißen Blumen verwandeln sich ... in weiße Traumblumen ...

Die roten Blumen verwandeln sich ... in rote Traumblumen ...

Die lila Blumen ... verwandeln sich in ... lila Traumblumen ...

Die blauen Blumen ... verwandeln sich ... in ... blaue Traum ... blumen ...

Die Gräser ... verwandeln sich ...

Der Nachtschmetterling fliegt leicht und frei durch die Luft ... Vielleicht kannst du über ihm den ruhigen Zug von Wolken sehen ... Das ruhige Ziehen von Wolken im Himmel ... Oder den Mond ... das ruhige Licht des vollen Mondes, das auf die Nachtwiese fällt ... freundlich ... angenehm dunkel ... angenehm hell ...

Noch höher am Himmel leuchten Sterne ... leuchtet die Ruhe der Sterne ... Ein Stern blinkt manchmal ... und noch ein weiterer Stern blinkt ... Andere strahlen einfach in ihrem sicheren Licht ... wachen über dem Schlaf und den Träumen der Menschen ...

Der Nachtschmetterling hat sich auf einer Blume niedergelassen ... Er öffnet seine Flügel ... er schließt seine Flügel wieder ... er öffnet seine

Flügel weit ... für den Schlaf ... für den schönen Traum einer Mondnacht ...

Du kannst vielleicht spüren, wie die Ruhe schon längst begonnen hat, in dich zu strömen, unmerklich erst, bald vielleicht besser zu empfinden ... wie ihre dunklen Farben auch in dir zu wachsen begonnen haben, freundlich und warm, geborgen in deiner Sicherheit ...

Der Nachtschmetterling ist vielleicht wieder aufgestiegen in den Himmel über der Mondwiese ... Da fliegt er nun wieder über die Wiese und macht alles noch ruhiger ... Wohin er kommt, verwandelt sich die Ruhe der Wiese unter seinen Flügeln in noch mehr Ruhe ...

Getragen von der warmen Dämmerung einer Traumnacht ... wohlig ... Um dich alle Farben der Traumblumen ... Das Gelb der gelben Traumblumen ... Das Weiß der weißen Traumblumen ... Das Rot der roten Traumblumen ... Das Lila der ... lila Traumblumen ... Das Blau der ... blauen Traumblumen ...

Du kannst es zulassen, dass der Schmetterling über die Wiese fliegt ... Du kannst es zulassen, dass die Sterne scheinen ... Du kannst es zulassen, dass der Mond scheint ... dass alles geborgen unter dem Himmel liegt ... freundlich und warm ... dass die Ruhe in dir immer noch tiefer wird ... Du kannst es zulassen, dass du immer noch müder wirst und du dich immer noch wohler fühlst ...

Sonnenuntergang auf der Wiese

(Geschehen lassen, zum leichteren Einschlafen im Bett)

Leg dich bequem hin ... Während du spürst, wie du die Unterlage berührt, kannst du schon beginnen, ruhiger zu werden ... Und deine Augen können beginnen, eine Stelle im Raum zu suchen, an der sie verweilen wollen ... Und während du diese Stelle ansiehst, hörst du vielleicht Geräusche um dich ... aus dem Raum ... oder von draußen ... oder anderswoher ... Und während du immer noch die Stelle betrachtest, kann sie immer gleichgültiger werden ... Und dann kann es gut sein, dass du, irgendwann, die Augen schließen möchtest ... so wie man die Augen schließt, um eine Geschichte zu hören ...

Stell dir in Gedanken eine breite Treppe vor, die vor dir beginnt und immer tiefer führt ... Geh langsam die Treppe hinab, Stufe um Stufe ... Mit jeder Stufe kann die Ruhe in dir größer werden ... Je tiefer du steigst, umso größer wird die Ruhe in dir. Stufe um Stufe ...

Mit jeder Stufe kann die Bereitschaft in dir größer werden, einfach zu lauschen ... der Stimme zu folgen ... Stufe um Stufe ... dorthin hinab, wo die Ruhe immer noch größer wird, und deine Bereitschaft ...

Da ist nur der Gang von Stufe zu Stufe hinab ... Da ist die Ruhe, die immer noch größer werden kann ... Da ist das Lauschen, das sich in der Ruhe ereignet ...

Die Stufen enden auf einer Wiese ... Die Wiese liegt noch im Licht ... Aber du siehst, wie die Sonne langsam hinter Bäumen zu sinken beginnt ... Der Himmel ist schön ... Die Ruhe der untergehenden Sonne ist schön ... und ihre Langsamkeit ist schön ... Sie muss sich nicht eilen ... Die Sonne lässt einfach geschehen, wie sie langsam versinkt ...

Auf der Wiese sind viele Grashalme ... Manchmal stehen sie still ... manchmal bewegen sich ein paar davon leicht, wenn ein Luftzug über sie geht ... Die Grashalme lassen die leichte Bewegung einfach geschehen ...

Auf der Wiese blühen Blumen ... Manche sind rot ... manche sind blau ... manche sind gelb ... manche sind weiß ... Alle sind einfach so, wie sie sind ... Sie lassen die Dämmerung einfach geschehen ...

Auf der Wiese zirpen Grillen ... Vielleicht ist das Zirpen ein wenig dunkler geworden, seit die Wiese mehr und mehr im Schatten liegt ... Vielleicht hat sich gar nicht viel verändert ... Die Grillen zirpen einfach nur, so wie sie es immer tun ... Sie lassen die Blumen blühen und den Sonnenuntergang geschehen ...

Die Sonne steht nun groß hinter den Bäumen am Horizont ... Immer noch sinkt sie ... Das sieht schön aus ... Ein Stück der Sonne ist schon versunken ... Sie muss dazu gar nichts tun ... auch du musst dazu gar nichts tun ... Wir lassen die sinkende Sonne einfach geschehen ...

Ein glänzender Käfer ist auf einer Blume gelandet ... Er faltet seine Flügel zusammen und ruht sich aus ... Aus dem Himmel kam er – und nun ruht er auf einer weichen Blume ... Er muss gar nichts tun, nur einfach ruhen ... und sich schaukeln lassen von der leichten Bewegung der Blume ... Die leichte Bewegung der Ruhe ... die gar nichts tun muss ... die alles geschehen lassen kann ... während die Sonne langsam versinkt ...

Über der Wiese ist der Mond aufgegangen ... Still scheint er über die Halme und Blumen ... Aus der Dämmerung erscheinen nach und nach erste Sterne ... Im silbernen Licht des Mondes scheint die Wiese wie verzaubert ...

Zwischen den Halmen kannst du vielleicht etwas Rundes sehen, einen Ball ... den haben Kinder beim Spielen vergessen ... da liegt er nun, einfach so zwischen den Blumen im Gras ... Rund wie die Sonne ist er einfach liegen geblieben ... während die Sonne versank ... Der Ball hat alles geschehen lassen ... die Sonne hat alles geschehen lassen ... Da ist nichts zu tun ... nur einfach zu ruhen ... während der Mond am Himmel steht und die Sterne blinken ...

Die Ruhe der Wiese ist einfach da ... Vielleicht kannst du die Ruhe der Wiese schon spüren ... Vielleicht kannst du schon spüren, wie sie immer noch größer wird ...

Im Sternenwald

(Zum leichteren Einschlafen im Bett)

Leg dich bequem hin ... Während du spürst, wie dein Körper die Unterlage berührt, kannst du schon beginnen, ruhiger zu werden ... Und deine Augen können beginnen, eine Stelle im Raum zu suchen, an der sie verweilen wollen ... Und während du diese Stelle ansiehst, hörst du vielleicht Geräusche um dich ... aus dem Raum ... oder von draußen ... oder anderswoher ... Und während du immer noch die Stelle betrachtest, kann sie immer gleichgültiger werden ... Und dann kann es gut sein, dass du, irgendwann, die Augen schließen möchtest ... so wie man die Augen schließt, um eine Geschichte zu hören ...

Wenn du darauf achten willst, spürst du deinen Atem gehen, ein und aus, ein und aus, ganz ruhig und gleichmäßig, ganz von allein ... Du spürst, dass es ganz einfach sein kann, auszuatmen und beim Ausatmen die Luft loszulassen, dass sie einfach im Raum verschwindet ...

Vielleicht ist es dir sogar schon möglich zu spüren, wie dein Körper schwer im Bett liegt ... Die Schwere deines Körpers kann ein gutes Gefühl sein ... Es kann so wohl tun, in dieser Schwere sich ganz, ganz langsam zu bewegen ... fast unmerklich langsam sich zu bewegen ... dem Körper zu erlauben, sich wohlzufühlen ... und langsam ... zur Ruhe zu kommen ...

Vielleicht ist es dir auch schon möglich, die Wärme zu spüren, die aus der Ruhe kommt ... zu spüren, wie die Wärme angenehm ist ... wie sie müde macht, angenehm müde ... Wie die Wärme tief in dir strömt und sich die Müdigkeit überall in dir ausbreitet ... Müde und warm ... wie gut das doch ist ...

Und aus dieser Wärme können Bilder aufsteigen und Platz haben, sich zu entfalten ... So kann es ganz einfach sein, eine Weile in Bildern zu leben ...

Vielleicht gehört zu den Bildern ein Bett, das im Sternenwald steht ... Ein gemütliches Bett, das von Sternen umgeben ist ... Und über dem Bett schwebt der Mond ...

Manche Sterne strahlen sehr gleichmäßig ... aber hier blinkt einer ... und hier noch einer ... Die meisten Sterne sind weiß ... Ab und zu ist auch einer zu sehen, der eine rötliche oder gelbliche oder grünliche Farbe hat, sogar ein blauer Stern kann dabei sein ...

Die Sterne sind still – aber irgendwie ist so etwas wie eine Musik zu ahnen, in der sie leben, eine Sternenmusik ... Die Ohren hören sie nicht, sie scheint direkt in uns anzukommen und direkt in uns zu klingen, die Musik der Sterne ... Vielleicht ist die Musik anfangs nur wenig zu hören, vielleicht auch schon gut ...

Am Sternenhimmel strahlt der ganze Mond ... Du siehst sein ruhiges

Leuchten ... Ein Leuchten, das ruhig macht, wenn du es betrachtest ... Es ist gar nicht nötig, etwas zu tun, die Ruhe kommt ganz von selbst ... Sie ist schon da, in uns ... Wir brauchen nur zuzulassen, dass sie sich stärker zeigt ... dass die Ruhe größer wird ...

Ob die Ruhe vom Mond kommt – oder von den Sternen? ... Ob sie überhaupt einen Platz hat? ... Eigentlich kann sie überall sein ... selbst da, wo es laut ist ... irgendwie unter dem Lauten ... Oder irgendwo hinter dem Lauten ... Sogar um alles Laute herum kann die Ruhe sein ... Und kleine Geräusche können die Ruhe noch tiefer machen ...

In der grellen Sonne ist es der Ruhe meistens zu hell ... Dann gehen auch die Menschen in den Schatten, legen sich hin, schließen die Augen ... Am liebsten ist der Ruhe das Dämmerlicht ...

Das Dämmerlicht ist gemütlich ... In diesem Licht ist die Ruhe am schönsten ... Und hier wächst sie auch und lässt Bilder entstehen ...

Bilder von Schafen vielleicht, von einer ganzen Herde ... Rücken an Rücken ziehen sie langsam auf einer Straße ... Ab und zu ruft eines ... Über den Schafen leuchten Sterne ... Zwischen den Sternen scheint das Band der Milchstraße ... Die Schafe laufen unter der Milchstraße ...

Im Sternenwald ist die Ruhe zu Hause ... Die Schafe ziehen langsam dahin ... Die Schafe ziehen am Bett vorbei, eine endlose Herde ... Wenn du genau hinschaust, erkennst du vielleicht Gesichter von einzelnen Schafen ... Manche schauen her ... wenden ihre Köpfe in ihrem langsamen Schritt ... Du siehst ihre kuschligen Felle ... im Schein des Mondes ...

So achte noch ein Weilchen einfach auf den Strom der Schafe im Sternenwald ... auf ihr langsames Gehen ... auf ihre kleinen Geräusche ... auf die tiefe Ruhe und den Frieden ... Vielleicht spürst du, wie sie die Ruhe und den Frieden in dir noch größer machen ... unter der Milchstraße, im Sternenwald ...

Literatur

Friebel, Volker (2013): Traumreisen für Kinder. Münster: Ökotopia. 2. Auflage 2014.

Friebel, Volker (2012): Das Anti-Stress-Buch für den Kindergarten. Entspannungspädagogik für Kinder und Erzieher/innen. Auch für die ersten Grundschuljahre geeignet. Weinheim: Beltz.

Friebel, Volker & Friedrich, Sabine (2011): Entspannung für Kinder. Stress abbauen. Konzentration fördern. Reinbek: Rowohlt Taschenbuch. *Eine umfassende Neubearbeitung unseres erstmals 1989 erschienenen Buchs, die insgesamt 18. Auflage. Auch als eBuch.*

Friebel, Volker (2011): Zur Ruhe. Entspannungs-CD. Tübingen: Edition *Blaue Felder*.

Friebel, Volker (2011): Zur Konzentration. Entspannungs-CD. Tübingen: Edition *Blaue Felder*.

Friedrich, Sabine & Friebel, Volker (2011): Kindern Mut machen. Hilfe bei Schüchternheit und Ängsten. Bonn: Balance-Verlag.

Schütz, Gerhard (2011): Trancegeschichten für Erwachsene und Kinder: Zum Vorlesen und Experimentieren für unterschiedliche Problembereiche. Norderstedt: BoD. *Auch als eBuch.*

Simon, Ingo Michael (2009): Suggestionen richtig formulieren. 10 Minimax-Techniken für Hypnotiseure. Norderstedt: BoD. *Auch als eBuch.*

Simon, Ingo Michael (2010): Der Hypnosebaukasten. Textbausteine und Anleitungen. Norderstedt: BoD. *Auch als eBuch.*

Wilk, Daniel (2005): Auf den Schultern des Windes schaukeln. Trance-Geschichten. Heidelberg: Carl-Auer-Systeme Verlag. 5. Auflage 2013.

Wilk, Daniel (2006): Ein Käfer schaukelt auf einem Blatt. Entspannungs- und Wohlfühlgeschichten für Kinder jeden Alters. Heidelberg: Carl-Auer-Systeme Verlag. 6. Auflage 2012.

Nur als eBuch (alle von Volker Friebel, im Verlag *Blaue Felder*, Tübingen)

Geschichten, die Kinder entspannen lassen. Spielerisch Ausgeglichenheit und Konzentration fördern. 2012, 198.000 Zeichen.

Entspannung für Kinder *kompakt*. *Original-Ausgabe*. 2012, 84.000 Zeichen.

Das Wolkenschloss – Entspannungsgeschichten für Kinder. *Original-Ausgabe*. 2013, 47.000 Zeichen. *Eine Serie von 12 Entspannungsgeschichten für Schulkinder.*

Das Kätzchen und der kleine Bär – Entspannungsgeschichten für Kinder. *Original-Ausgabe*. 2013, 64.000 Zeichen. *Eine Serie von 15 Entspannungsgeschichten für Kindergartenkinder.*
Stillemomente für Kinder. *Original-Ausgabe*. 2013, 59.000 Zeichen.

Die sechs Kapitel der Trance-Geschichten für Kinder erschienen bei Amazon vorab auch einzeln als eBücher.

Zu Buch und Autor

Buch

Das Buch enthält eine Einführung in Trance-Geschichten für Kinder sowie sechs Geschichten-Sammlungen: Ruhe und Kraft, Mut, Selbstbeherrschung, Leichtigkeit und Freude, Konzentration, Schlaf. Die Trance-Geschichten führen in die Entspannung und sprechen auf dieser Grundlage psychologisch fundiert Probleme und Entwicklungsmöglichkeiten an.

Die Trance-Geschichten sind zum Vorlesen gedacht und können ab dem Vorschulalter sowohl beim einzelnen Kind als auch in der Gruppe eingesetzt werden.

Autor

Dr. Volker Friebel (*1956) ist promovierter Psychologe und Autor von Veröffentlichungen zu Entspannung, Gesundheit, Sprache und Musik sowie Texten literarischer Art. Selbstständig tätig, lebt er in Tübingen. Er ist Mitglied der Deutschen Gesellschaft für Entspannungsverfahren:
www.dg-e.de

Kontakt: Post@Volker-Friebel.de
www.Volker-Friebel.de

Netz-Präsenz

Die Plattform des Autors mit Informationen und Materialien zu Entspannung und Inneren Bildern:
www.Entspannung-plus.de

Zahlreiche Bücher zu den Themen des Autors finden sich auf:
www.Blaue-Felder.de